对外贸易、环境污染与规制研究

曹慧平 ◎ 著

中国财经出版传媒集团

经济科学出版社
Economic Science Press

图书在版编目（CIP）数据

对外贸易、环境污染与规制研究／曹慧平著 . —北
京：经济科学出版社，2021. 9
ISBN 978 – 7 – 5218 – 2875 – 7

Ⅰ.①对… Ⅱ.①曹… Ⅲ.①对外贸易 – 研究 – 中国
②环境污染 – 污染控制 – 研究 – 中国 Ⅳ.①F752. 2
②X506

中国版本图书馆 CIP 数据核字（2021）第 187568 号

责任编辑：凌 敏
责任校对：齐 杰
责任印制：范 艳 张佳裕

对外贸易、环境污染与规制研究

曹慧平 著

经济科学出版社出版、发行 新华书店经销
社址：北京市海淀区阜成路甲 28 号 邮编：100142
教材分社电话：010 – 88191343 发行部电话：010 – 88191522
网址：www. esp. com. cn
电子邮箱：lingmin@ esp. com. cn
天猫网店：经济科学出版社旗舰店
网址：http://jjkxcbs. tmall. com
北京密兴印刷有限公司印装
710 × 1000 16 开 12. 25 印张 150000 字
2021 年 10 月第 1 版 2021 年 10 月第 1 次印刷
ISBN 978 – 7 – 5218 – 2875 – 7 定价：54. 00 元
（图书出现印装问题，本社负责调换。电话：010 – 88191510）
（版权所有 侵权必究 打击盗版 举报热线：010 – 88191661
QQ：2242791300 营销中心电话：010 – 88191537
电子邮箱：dbts@ esp. com. cn）

前　言

改革开放以来，中国对外贸易按照比较优势理论积极参与国际分工，依赖国内廉价的劳动力和自然资源的高投入、高消耗，实现了经济的快速发展，这种以增加要素投入为主要特征的粗放型增长模式使得中国面临的环境污染问题日益突出，人口红利的消失和资源的日益紧张也使可持续发展难以为继。党的十九大报告指出，拓展对外贸易，需要加快培育贸易竞争新优势，推进贸易强国建设，在此背景下，深入研究对外贸易、环境污染与环境规制之间的关系与作用机理，对于贸易高质量发展以及环境政策的制定具有重要的理论和现实指导意义。

本书采用理论模型、统计分析和计量检验相结合的研究方法，深入分析了对外贸易、环境污染与环境规制之间的关系，与已有研究相比，本书的创新主要体现在以下几个方面：（1）南北贸易模型的创新。以安特卫勒等（Antweiler et al.，2001）建立的南北贸易模型（简称 ACT 模型）为理论基础，引入第三种生产要素——环境，建立 $2 \times 2 \times 3$ 的一般均衡模型，考察开放经济条件下不同因素对环境的影响及其相互作用机制，使国际贸易模型更加符合现实，为解释中国持续多年的贸易顺差与环境之间的关系提供理论基础。（2）赫克歇尔－俄林（Heckscher-Ohlin，H－O）模型的创新。将环境要素引入传统 H－O 模型，对环境规制政策与贸易模式之间的关系进行了理论分析，同时运用引力模型和跨国面板数据对"污染天堂假说"进行了检验。(3)"波特假说"的创新。把反映公司治理的企业目标函数纳入"拓展的波特假说"模型,构建了与实证相匹配的理论模型并推导出可供实证的命题,以考察环境规制对出口技术复杂度之间的关系。(4)样本数据的创新。本书实证检验中分别采用跨国面板数据、中国各省份数据、中国制造业行业数据以及中国上市公司等数据进行实证检验,得出的结论与提出的政策建议更适合中国国情,对于中国实现贸易强国以及绿色可持续发展具有重要的现实意义。

由于时间和精力有限,笔者对该领域的研究还有很多不足,今后会围绕以下方向做进一步探索:第一,构建包含产品内贸易的一般均衡模型。本书的模型是建立在产业间贸易基础之上的,随着经济全球化的发展,产品内贸易逐步发展起来,与产品内贸易发展有关的因素也会对中国环境产生很大影响。将这些因素引入模型,对于理解造成中国环境污染水平上升的因素会有一个全面、清晰的认识。第二,本书的实证研究主要是基于宏观层面,而企业的微观数据能够更真实地反映贸易和环境的发展变化,是未来细化研究所需的重要支持,尤其是中国工业企业数据库和海关数据库,包含大量微观信息,其研究结论对于中国贸易和环境政策的制定更具有现实指导意义。

曹慧平

2021 年 6 月

目　录

第一章 导 论

第一节 选题背景与意义

一、选题背景

经过 40 多年的改革开放，中国对外贸易获得了快速发展，成为拉动国民经济发展的重要引擎。1994～2008 年，中国对外贸易顺差始终保持平稳增长趋势，尤其是 2001 年加入世界贸易组织（WTO）后，中国参与国际经济的深度和广度有了很大提高，对外贸易又上了一个新台阶，2008 年贸易顺差一度达到 2981.3 亿美元，占国内生产总值（GDP）比重高达 6.9%。2008 年金融危机后，由于国际形势的变化和国内宏观调控政策的影响，贸易顺差有所下降，2012 年开始，随着经济的好转，贸易顺差又呈增长趋势。2018 年中国对外货物的进出口总额为 46224.1 亿美元，其中出口总额 24866.8 亿美元，进口总额 21357.3 亿美元，贸易顺差仍然高达 3509.5 亿美元[①]。对外贸易

---

① 历年《中国统计年鉴》。

的发展使中国经济迅速增长，2015 年，中国按照世界银行的分类标准已经进入"上中等收入经济体"的行列。2018 年中国的 GDP 总量约为 13.608 万亿美元，仅次于美国 20.494 万亿美元[①]。

伴随着贸易和经济的快速发展，中国环境污染问题日益突出。《2018 全球环境绩效指数》（*Environmental Performance Index*）对 180 个国家和地区的环境进行了排名，中国排在第 120 位。《2018 年中国水资源公报》指出，中国水资源质量堪忧，全国 26.2 万千米的河流水质评价结果显示，Ⅰ~Ⅲ类、Ⅳ~Ⅴ类、劣 Ⅴ 类水河长分别占评价河长的 81.6%、12.9% 和 5.5%，主要污染项目是氨氮、总磷和化学需氧量。与 2017 年同比，Ⅰ~Ⅲ类水河长比例上升 1.0 个百分点，劣 Ⅴ 类水河长比例下降 1.3 个百分点。

为此我们提出：贸易自由化在给中国带来了利益的同时，是否会导致资源消耗和污染增加，把中国引入贫困化增长的陷阱？中国宽松的环境规制政策是否吸引了国际污染产业转移到中国，将中国变成世界的"污染天堂"？加强环境规制能否提升出口技术复杂度，实现经济绿色增长？深入研究对外贸易、环境污染与环境规制三者之间的关系及作用机制，对于中国贸易和环境政策的制定以及经济高质量发展具有重要意义。

二、选题意义

传统的国际贸易理论如古典贸易理论、新古典贸易理论和新贸易理论在解释各国之间的贸易时都没有考虑环境要素。比较优势学

---

① 世界银行网站（https：//data.worldbank.org.cn/country）。

说作为国际贸易的理论基础，为贸易自由化的开展提供了充分论据，但该学说忽视了广义的社会效益，尤其是生态环境效益。赫克歇尔-俄林模型考虑了两种生产要素，即资本和劳动，修正了国际贸易产生的根本动因，但也没有将环境要素考虑进去。以保罗·克鲁格曼为代表的规模经济理论和迈克尔·波特的钻石模型从规模经济和竞争力的角度为一国对外贸易制度和产业政策的选择提供了理论依据，但是有可能使国际贸易面临的环境约束更趋全球性。每一种理论的出现都具有鲜明的时代特征，这些理论之所以没有考虑环境要素，是由于当时自然资源丰富、环境容量大，足以承载生产对环境造成的破坏。但是，随着人口的增多和经济的发展，资源和环境约束日趋紧张，环境问题变得越来越突出，环境与传统资本、劳动、技术等是同等重要的生产要素。我们在考虑生产成本的时候只有将环境成本内部化，才能真正反映企业的真实利益及其所带来的社会效益。

环境规制对一国贸易的影响主要体现在环境规制所带来的成本效应和技术创新效应，对应两种效应的假说分别是"污染天堂假说"和"波特假说"。"污染天堂假说"认为如果一国环境规制严格，那么企业付出的环境成本增加，在污染密集型产品的生产上则不具有比较优势。但"波特假说"观点正好相反，认为一国实行严格的环境规制政策，会促使原来污染严重的企业加大科技创新力度，刺激新产品和新生产技术的出现，提高企业在国际市场上的竞争力。

本书在已有研究的基础上做了进一步拓展，首先以安特卫勒、科普兰和泰勒（2001）建立的一般均衡理论模型为基础，分析了开放经济条件下影响环境质量的因素以及各因素对环境的作用机制，然后将环境要素引入传统 H - O 模型，分析了环境规制对比较优势的影响，对"污染天堂假说"的理论机制有了更深刻的认识，最后将反映公司治理的企业目标函数纳入"波特假说"分析框架，研究了环境规制与出口技术复杂度之间的关系，并以上市公司为样本进行检验，加深了对"波特假说"的理解。

从现实来看，中国作为一个经济快速发展的发展中国家，尤其是处在国际产业迅速转移的经济全球化的时代，中国自身发展有许多不同于发达国家的特点，而已有文献对发达国家的研究相对较多，发展中国家由于环境指标等数据的缺乏以及对环境问题重视程度不足等原因使得这方面的研究相对较少，如果照搬发达国家的模型和经验，得出的结论缺乏说服力，据此制定的政策也有可能不符合中国国情。本书将环境要素融入传统贸易模型，并采用中国各省市数据、中国上市公司以及制造业行业、海关等微观企业数据对理论进行实证检验，对于中国实现贸易强国以及绿色可持续发展都具有重要意义。

第二节　研究目标、方法与思路

一、研究目标

本书拟在前人对贸易与环境研究的理论基础之上，进一步深入研究中国对外贸易与环境之间的相互关系，力求达到以下目标：

第一，在安特卫勒、科普兰和泰勒（2001）理论基础之上建立贸易与环境的理论模型，深入分析开放条件下影响污染排放水平的各个因素。根据理论模型推出的命题，实证分析中国对外贸易、人均收入等变量对污染排放水平的影响，从而检验库兹涅茨曲线在中国是否成立以及各污染物对应的拐点在中国是否出现，为今后中国贸易和环境政策的制定指明方向。

第二，一国按照比较优势进行国际分工，贸易的开展会影响产业规模和产业结构，贸易自由化还会使国外技术得以扩散和引进，因此又会影响到一国的生产技术。生产规模的变化、结构的调整和技术的进步都会对一国环境产生直接或间接的影响。本书从贸易对环境的规模效应、结构效应和技术效应三方面进行测算，并对进出口贸易的综合环境效应进行了比较。

第三，贸易对环境的影响程度离不开一国环境规制的实施，而环境规制的严格程度与一国贸易模式有很大关系，对环境规制与贸易模式之间的关系进行理论和实证分析可以检验"污染天堂假说"在中国是否成立。

第四，将反映公司治理的企业目标函数纳入"波特假说"理论模型，对"波特假说"进行拓展，然后运用中国制造业上市公司数据和中国海关数据，从微观企业角度验证环境规制与出口技术复杂度之间的关系，以及公司治理对二者关系的调节效应。对该问题的研究，一方面有助于深化环境规制对出口技术复杂度的微观层面的解释，另一方面也为中国环境规制政策的实施以及公司治理结构的改善提供一定的政策建议。

二、研究方法

第一，一般均衡分析方法。本书运用一般均衡分析方法，研究开放经济条件下影响一国环境的各种因素及其作用机制。一般均衡分析方法可以使我们更全面地考察国际贸易对环境的影响。如果对外贸易刺激了污染性产业的扩张，贸易将导致污染水平上升。一般均衡分析会认为随着污染性产业的扩张，该产业必然从经济体系的其他产业争夺资源，如果其他产业是清洁产业，那么污染性产业的扩张就可能导致整体污染水平的上升。但是，如果贸易通过一般均衡效应提高了一国的实际收入水平，贸易也将提高人们对环境质量的要求，从而通过内生政策的变化抑制贸易所引致的污染增加效应。一国实际收入水平的提高也会增加一国购买国外先进环保设备和技术的能力，减少单位产出的污染排放水平，从而通过技术效应使得环境质量得以提高。

第二，理论分析与实证分析相结合。本书理论上主要分为三部分：一是从理论上分析了开放经济条件下影响环境的主要因素，及各种因素对环境的作用机制；二是对环境规制与污染密集型产品的出口进行了理论分析；三是将公司治理引入"波特假说"，分析公司治理的调节效应。为了验证理论命题是否适用于中国的发展实情，实证上首先对中国贸易和环境进行了统计描述，然后对贸易与环境、环境规制与污染密集型产品的出口、"波特假说"以及环境规制与出口技术复杂度进行了实证分析，力争做到理论分析与实证分析相结合。

第三，理论分析与政策分析相结合。无论是理论分析还是实证研究，其最终目的都是为了应用，提出切实可行的政策以指导实践。因此，本书将理论分析与政策分析相结合，根据理论和实证分析结果，提出中国对外贸易和环境规制政策的长期发展策略。

三、研究思路

首先，对中国对外贸易发展和环境污染现状从不同行业、不同地区等多个角度进行全面阐述；其次，运用一般均衡分析方法建立模型，系统考察开放经济条件下各种因素对环境质量的影响及其作用机制。在理论分析的基础上，运用中国各省市的面板数据对贸易自由化、人均收入等因素与环境之间的关系进行估计，以检验中国"环境库兹涅茨曲线"及其拐点值的大小。对贸易的环境效应进行分解，从规模效应、结构效应和技术效应三个方面分别测算，并对进出口贸易的环境效应进行比较。由于一国规模效应、结构效应和技术效应的大小受到该国环境规制政策的制约，因此制定适度严格的环境规制政策是必要的，但环境规制政策的实施同时会影响到一国贸易模式和国际竞争力的大小。本书对环境规制政策与一国贸易模式之间的关系进行了理论和实证分析，以验证"污染天堂假说"在中国的适用性，进而得出环境规制政策的实施在减少中国贸易顺差和环境污染中所起的作用；在此基础上，对环境规制与出口技术复杂度进行了理论分析和实证检验，为贸易高质量发展提供理论依据。

第三节 研究内容

根据研究目标和研究思路，按照各章节之间的逻辑关系，本书的内容共分为七章，具体如下：

第一章是导论部分，主要介绍选题背景、理论意义和现实意义、研究目标、研究方法以及研究思路和研究的主要内容。

第二章是文献综述部分，对前人在这一领域的前沿理论和相关研究进行概括和总结，是本书研究的理论基础。本部分主要从三个方面对国际贸易、环境质量与环境规制之间的理论进行梳理。首先从格罗斯曼和克鲁格（Grossman and Krueger, 1991）提出的贸易对环境的规模效应、结构效应和技术效应出发，介绍有关国际贸易与环境污染的理论研究和经验研究；其次对环境规制与贸易之间的关系进行相关理论和经验研究，重点介绍有关"污染天堂假说"和"波特假说"的相关研究成果并对已有研究进行分析评价；最后介绍国际贸易、环境质量与中国现实经济问题结合的研究成果，包括理论和经验研究。

第三章对中国对外贸易与环境发展现状进行了统计分析。首先对中国对外贸易发展现状进行了分析，并结合环境、资源问题分析了中国对外贸易的规模、商品结构等特点。其次对中国环境污染现状分行业、分地区进行了分析和比较，为后面章节分析贸易与环境之间的关系提供现实依据。最后介绍了中国当前环境规制政策及对经济的冲击。

第四章是对外贸易与环境污染关系的理论与实证分析。本部分构建理论模型分析贸易等因素对环境污染的影响。该模型是以 ACT（1994）建立的一般均衡分析模型——南北贸易模型为基础，从消费者效用函数出发，引入贸易变量，得出进出口贸易以及贸易顺差是如何内生影响环境污染政策，进而影响到一国污染排放水平的。在贸易与环境关系的理论模型基础上，本部分运用中国分省份的贸易和污染等数据，对贸易顺差与环境污染之间关系进行实证检验，力图验证中国贸易顺差和环境污染的理论规律与实际现象是否符合。

第五章对中国进出口贸易的环境效应进行了测算。本部分将贸易的环境效应分为规模效应、结构效应和技术效应，分别进行测算并对出口贸易环境效应和进口贸易环境效应进行对比分析，为今后制定合理的贸易和环境政策提供了相关依据。

第六章对环境规制与污染密集型行业出口之间的关系进行了理论与实证检验。本部分首先将环境要素引入传统 H-O 模型，对环境规制与一国贸易模式之间的关系进行了理论分析，然后运用引力模型，以中国和世界各国的相关数据对理论进行了检验，以验证"污染天堂假说"在中国是否成立。

第七章把反映公司治理的企业目标函数纳入"拓展的波特假说"分析框架，基于公司治理视角分析环境规制与技术复杂度之间的作用机理，并运用中国制造业上市公司数据和海关匹配数据，从微观企业角度验证环境规制与出口技术复杂度之间的关系。对于当前中国环境规制政策的制定和创新驱动贸易高质量发展具有重要意义。

第二章　文献综述

　　随着贸易自由化的快速发展、国际产业转移的日益加深以及环境污染的加剧，有关国际贸易与环境的研究日益成为当今热点话题。贸易发展与环境污染一直以来就是一对矛盾的综合体。片面追求贸易自由化，是否会造成一国尤其是发展中国家的环境恶化，但是加强环境生态保护，是否又会削弱一国的贸易竞争力进而影响到一国的经济发展呢？学术界对此众说纷纭，环保主义者和自由贸易者从不同角度给予了解释。本章的目的就在于对已有的国内外的相关研究文献进行深入细致的分析、归纳，以明确国际贸易与环境研究的最新进展，为对外贸易、环境污染与规制之间的研究奠定理论基础。

第一节　环境库兹涅茨曲线

　　格罗斯曼和克鲁格（1991）对北美自由贸易区协议与环境之间的关系进行了深入细致的分析。他们以二氧化硫和空气悬浮颗粒（Suspended Particulate Matter，SPM）的排放作为环境污染的指标，运用全球环境监测系统（Global Environmental Monitoring System，GEMS）

提供的数据验证了二氧化硫和空气悬浮颗粒的排放与人均收入之间存在的关系。得出结论：污染排放水平与人均收入有着很密切的关系。收入水平低时，环境随收入水平的提高不断恶化，当收入水平达到拐点后，环境质量随收入水平的提高会逐渐改善，即一国环境质量会呈现出"先恶化、后改善"的发展趋势，将环境污染与收入之间的关系用图形来表示呈现倒 U 形，这就是著名的"环境库兹涅茨曲线假说"（Environmental Kuznets Curve，EKC）。

此后，围绕"环境库兹涅茨曲线假说"，学术界从不同的角度进行了理论分析和实证检验。斯特恩等（Stern et al.，2005）的研究认为，随着国民财富的增加，人均收入逐渐提高，当达到某一临界值时，人们的财富边际效应递减，此时对环境质量的要求会越来越高，环境质量由最初的奢侈品逐渐变为生活必需品，需求不断增加，需求的压力迫使政府加强环境规制，优化产业结构并提高生产技术水平，从而减少环境污染。琼斯和曼努埃尔（Jones and Manuelli，1995）描述了一个污染物内生的增长模型，并且建立了一个由经济增长和污染规制共同决定的理论模型，得出的结论是污染物排放与经济增长之间的关系取决于不同的决策制度，二者之间的关系可能是倒 U 形的，也可能是先增加、后递减再上升的 S 形，也可能是随时间不断增加。塞尔登和宋（Selden and Song，1994）在新古典增长模型的基础上，从最优路径（稳态）的角度，研究了经济增长、环境污染与环境治理之间的动态关系，解释了经验研究中所谓的 J 形曲线和倒 U 形曲线，与琼斯和曼努埃尔（1995）的观点一样，也认为污染排放与收入之间的关系并非单一的倒 U 形，而是存在多种情况。斯托克（Stokey，1998）建立了一个有关贸易与环境的静态模型，结论支持"环境库兹涅茨曲线假说"，即认为人均收入水平与环境质量之间呈倒 U 形关系。科普兰和泰勒（Copeland and Taylor，2004）研究了国际贸易、经济增长和环境污染的关系，他们建立了一个相对简单的一般均衡模型，该模型中政府政策与私人部门的行为共同决定了均衡污染水平。丁达（Dinda，2005）研究了环境质量和经济增长之间的关系，他认为造成经济增长和环境质量之间倒 U 形关系的根本原因是环境治理投资的增加，经济发展水平低时，人们的收入主要用于最基本的生活保障，没有足够的资金投入到环境污染治理，但是随着人均收入水平的增加，人们对环境质量的要求也日益增加，因此会促使政府增加对环境污染治理的投资，从而使环境质量得以改善。

各国学者除了从理论上对环境库兹涅茨（EKC）曲线进行研究外，更多的是利用不同数据和计量模型进行实证分析，大多数实证分析的结论都支持 EKC 假说，但也有不少研究持不同意见。

卢卡斯等（Lucas et al.，1992）在《工业生产的有毒物质排放》一文中，研究了三个问题：工业生产的有毒物质排放和经济发展之间的关系、OECD 国家的环境规制对全球有毒物质排放的影响以及不发达国家的贸易政策和工业生产有毒物质排放之间的关系。该研究以80 个国家1960～1988 年制造业有毒物质排放强度作为污染指标，使用联合国（United Nations，UN）工业数据计算了 ISIC 分类下制造业37 个部门的总产出份额，并用该份额乘以美国制造业各部门的有毒物质排放强度，作为单位产出的有毒物质排放。结果表明：对于大部分国家，相对于 GDP 和工业产出，工业污染排放长期都呈上升趋势。而且，这种长期正的趋势在低收入国家更明显。这与20 世纪70 年代以来工业国家由于实行严格的环境规制政策导致的污染产业替代效应是一致的。

沙菲和班迪帕迪亚（Shafik and Bandyopadhyay，1992）通过分析

不同收入水平下环境污染种类研究了经济增长与环境质量之间的关系。结果表明：环境质量与收入之间的关系与污染物的种类有关。森林年度退化率、二氧化硫、碳排放等污染物排放与人均 GDP 水平符合"环境库兹涅茨曲线假说"，而有些环境污染指标与人均收入之间并不符合"环境库兹涅茨曲线假说"。

达斯古普塔等（Dasgupta et al.，2001）在研究收入与环境之间的关系时将环境规制政策考虑进去，同时也考虑了经济增长速度和人口密度。他的主要发现是至少对于二氧化硫而言，环境规制政策和制度能够有效地减少环境恶化，尤其是经济发展水平比较低时更是如此。在收入水平较高时能够有效提高环境质量，从而熨平 EKC 曲线，并减少经济增长的环境成本。斯特鲁科娃等（Strukova et al.，2006）的研究也表明，对空气污染实施管制能够减少污染，即降低环境库兹涅茨曲线的高度，并使拐点在大部分情况下向左移动。与低收入国家相比，高收入国家由于资金的宽裕以及人们对环境质量要求的提高更有条件实施严格有效的环境管制。这与丁达（2005）在内生增长模型下得出的增加污染治理投资能够改善环境质量的结论是类似的。

格罗斯曼和克鲁格（1993，1995）把经济增长给环境带来的效应分为规模效应、结构效应和技术效应三部分，并用这三种效应的变化解释环境污染和人均收入之间的倒 U 形关系。经济发展初期，为了发展经济，创造更多的物质财富来满足人们的需求，需要投入更多的资源，伴随着资源消耗的增加和经济的不断增长，污染物排放量肯定也会相应增长，这是经济增长带来的规模效应。同时，伴随着经济的增长，产业结构得到不断优化和升级，技术创新以及国外先进的环保技术和设备的引进，都会使得环境质量得到不断改善，这是经济增长对环境的结构效应和技术效应。

　　盖尔和门德斯（Gale and Mendez，1998）对格罗斯曼和克鲁格（1993）的二氧化硫与经济增长之间的关系进行了重新检验，以得出贸易规模和贸易政策对环境的影响。他们认为，经济活动的增加会对环境产生负面影响，人均收入与环境之间的关系是正的线性关系而不是倒 U 形。贸易政策变量对环境影响不明显，其效应不确定。与传统比较优势理论基础上的专业化分工模式一致的是，一国资本丰裕会导致资本密集型产业的生产增加，因此污染会相应增加，而如果一国劳动和土地资源较为丰裕，则该国污染水平下降。

　　阿格里斯和查普曼（Agras and Chapmen，1999）分析了已有的贸易与环境的理论模型，并指出价格在这些模型中的重要性，在对 EKC 的计量检验中，将价格因素考虑进去，检验单位收入的能源消耗与单位收入的二氧化碳之间的关系，结果表明收入不再是环境质量与能源需求量最相关的变量；兰茨和冯（Lantz and Feng，2006）研究了影响加拿大二氧化碳排放的宏观因素。他们认为有三种因素会影响到二氧化碳的排放：人均国内生产总值、人口和技术变化，二氧化碳与后两种因素会存在线性关系。他们运用加拿大 1970～2000 年五个地区的面板数据进行了检验，结果表明人均 GDP 和二氧化碳排放量之间没有相关性，但人口和技术与二氧化碳排放量之间的关系符合"库兹涅茨曲线假说"。

　　贾利勒和马哈茂德（Jalil and Mahmud，2009）运用中国 1975～2005 年的时间序列数据，检验了二氧化碳排放、能源消耗、收入与对外贸易之间的长期关系，重点检验了二氧化碳与人均 GDP 之间是否存在环境库兹涅茨曲线关系。他们采用自回归分布滞后（ARDL）的分析方法，验证了环境库兹涅茨曲线在中国是成立的，结果还表明长期导致二氧化碳排放的主要因素是收入和能源消费，贸易对二氧化碳排放有正的影响，但是统计上不显著。

第二节　国际贸易与环境质量

目前学术界对贸易自由化与环境的关系存在两种观点：一种观点认为无论经济发展到什么程度，贸易自由化对环境的影响总是消极的，贸易自由化对发展中国家造成的负面影响尤其严重；另一种观点认为短期内自由贸易可能会对环境造成负面影响，但从长期来看，由于产业结构的不断优化以及技术水平的不断提高，收入水平不断增加，人们对环境质量也会提出更高的要求，促使政府出台政策改善环境，环境质量会不断提高。相比较而言，后一种观点得到了大部分学者的认同。

格罗斯曼和克鲁格（1991）在分析北美自由贸易区协议（NAFTA）的环境效应时，开创性地将贸易的环境效应分解为规模效应、结构效应和技术效应。经济的发展离不开资源的大量投入，因此规模经济无疑会引起环境恶化。结构效应对环境的影响取决于一国比较优势，如果一国在污染密集型产业上具有比较优势，贸易的结果往往会导致环境恶化；相反，如果一国在清洁产业上具有比较优势，贸易自由化会使一国环境质量得到提高。随着经济的发展和贸易的开展，技术创新效应和国外环保技术的扩散，会使得技术效应对环境发挥正的作用，给一国环境带来改善，综合来看，贸易对环境是否有利似乎并不明确。一国在收入水平比较低的时候，会偏重于经济发展速度，片面追求经济规模的扩大，规模效应对环境的负面影响会超过结构效应和技术效应对环境的积极影响，因此短期内贸易会对环境造成一定的负面影响。随着贸易自由化的深入开展，产业结构会不断优化和升级，国外先进的生产技术得以引进，此时结构效应和技术效应对环境的积极影响会占据主导地位，贸易的开展有利于环境质量的提高。

在格罗斯曼和克鲁格（1991）研究的基础上，斯蒂文斯（Stevens，1993）、龙格（Runge，1993）、塞尔登和宋（1994）、格罗斯曼和克鲁格（1995）对贸易与环境之间的关系进行了进一步深入细致的研究，结果表明，当收入达到某一水平后，经济结构的改变和技术进步对环境产生的积极影响将会大于经济规模扩大对环境的负面影响，也就是说，尽管贸易自由化在短期内的环境效应是消极的，但从长期来看，贸易自由化会使环境质量得到一定程度的改善。

安德森和布莱克赫斯特（Anderson and Blackhurst，1992）建立了一个局部均衡模型，认为生产过程中会产生污染，并将国家分为大国和小国，分析了自由贸易对大国和小国环境质量的影响。结论表明，自由贸易条件下，如果一小国采取适当的环境规制政策，则有利于该国的福利提高与污染水平的降低。而如果该小国采取贸易干预手段以减少环境污染，那么该国会产生福利损失。如果一国是大国，那么污染密集型产品的进口将会提高社会福利水平。

科普兰和泰勒（1994）构建了一个一般均衡模型，该模型包含多个商品、多个国家，用以分析南—北贸易关系与发展中国家的环境问题。研究表明：贸易自由化对于南北国家的环境造成的影响是不同的，一方面贸易自由化减轻了北方国家的环境污染，但另一方面却使南方国家的环境污染加重。

在此基础上，安特卫勒、科普兰和泰勒（2001）认为贸易自由化程度意味着贸易摩擦的减少，用"冰山"模型来反映贸易摩擦，建立了一个贸易自由化影响污染排放水平的一般均衡模型。通过对生产者行为、消费者行为和政府行为的分析推导，得出影响环境的诸多变量：人均国民收入水平、资本、劳动、人口密度、贸易开放程度和环境政策等。然后利用全球环境监测系统（GEMS）[①] 数据库的相关环境数据，选用 1971 ~ 1996 年的时间数据，同时以 44 个发达国家和发展中国家的 100 多个城市作为横截面数据，对贸易开放度与制造业二氧化硫排放强度进行了实证检验。结论表明：自由贸易对环境影响的规模效应在 0.1 ~ 0.4，结构效应在 1 左右，技术效应在 -0.9 ~ -1.5。

在 ACT（2001）模型的基础上，以后很多国内外学者通过采用不同的解释变量和不同国家的数据，运用各种计量方法对此进行了大量的实证研究。

科尔和埃利奥特（Cole and Elliott，2003）在 ACT（2001）模型的基础上，对贸易的环境三效应也做了检验。不同的是，他们采用的解释变量是二氧化硫（SO_2）、氮氧化物（NO_x）、二氧化碳（CO_2）和生化需氧量（BOD）这四种污染物的人均排放量和污染强度，结果表明贸易给环境带来的规模效应、技术效应占据主导地位，结构效应相对较小，不同污染物指标对应的三种效应的强度也不同。NO_x 和 CO_2 人均排放量与 ACT（2001）的研究结论相反，他们认为贸易自由化会增加 NO_x 和 CO_2 人均排放量。只有 BOD 的人均排放量随贸易自由化程度的增加而减少，这与 ACT（2001）的研究结论是一致的。贸易自由化对 SO_2 的人均排放量的影响是不确定的。不过四种污染物的污染强度符合 ACT（2001）的结论：贸易自由化有利于四种污染

①　全球环境监测系统的任务就是监测全球环境并对环境组成要素的状况进行定期评价。

物污染强度的减少。

有学者认为贸易自由化、国民收入与环境之间存在内生性问题（Shunsuke et al.，2009），因此对 ACT（2001）模型进行了修正，并选取 OECD 和非 OECD 国家相关数据，对自由贸易的环境效应进行实证分析。结果表明，从长期来看，贸易自由化会使 OECD 国家的 SO_2、CO_2 和 BOD 排放量降低，环境会得以改善。但是对非 OECD 国家的影响随污染物种类不同，SO_2、CO_2 的排放增加，BOD 的排放减少。

坎德和林德（Kander and Lindmark，2006）以瑞典为例，运用其能源消费和 CO_2 排放数据，对该国的结构效应和技术效应进行分析，实证检验了发达国家的对外贸易与污染不断减少之间是否存在关系，即发达国家是否将本国污染密集型产业外包给发展中国家，结果并没有发现二者之间存在一定的关系。因为瑞典从 20 世纪 70 年代以来一直就是能源和 CO_2 的出口国，同时能源和 CO_2 出口相对于总消费的比例是稳定的，这说明贸易对瑞典污染排放水平的下降没起到什么作用，起作用的应该是效率的提高、消费模式的改变等因素。

以上的理论和实证分析表明，自由贸易对环境的影响是不明确的，它取决于规模、结构和技术效应的大小程度。由于对三种效应的相对大小衡量受到国家发展水平、统计数据、计算方法等的影响，因此无法得出一个明确的结论。

贸易自由化可以使比较优势建立在相对"清洁"工业基础上的发达国家的环境获得改善，而使发展中国家的环境趋向恶化，因为发展中国家的比较优势产业多是污染密集型的。如果在贸易自由化的同时借助政治程序使一国的环境政策更加严格，并且运用适当的话，则自由贸易带来的收入增加在治理环境污染后还能带来净的经济收益，那么贸易对环境就会起到积极作用。但是一国环境政策的实施会影响到该国企业生产成本的大小，对一国产品的出口会产生一定的影响，进而又会影响到一国经济的发展，因此，为了追求环境质量片面提高环境规制政策也是不恰当的。那么，环境规制政策与一国贸易模式和国际竞争力之间存在什么关系呢？下面对环境规制与贸易之间的相关文献进行综述。

第三节　环境规制与国际贸易

有关环境规制与国际贸易之间的关系主要体现在观点相反的两个假说："污染天堂假说"和"波特假说"。"污染天堂假说"的理论基础是要素禀赋学说。该假说认为如果一国环境资源较为丰富，即一国环境管制较为宽松，则该国在污染密集型产品上具有比较优势，因此，该国应该专业化生产和出口污染密集型产品。波特和范·林德（Porter and Van der Linder，1995）基于熊彼特的创新理论，提出"波特假说"。该假说认为严格的环境规制会激励企业进行技术创新活动，只要新的环境规制标准是建立在激励基础之上的，且受规制的厂商能够适应新的环境标准积极进行创新活动，那么较严格的环境规制就能够提升厂商的国际竞争力。

希柏（Siebert，1977）建立了一个包含两种产品的开放经济模型，在这个模型中，他认为生产过程中会产生污染，因此可以把污染看作是生产的副产品。他采用比较静态分析方法，指出产品的相对价格由多种因素决定，除了产业的边际生产力水平外，产业的污染倾向、污染物对社会造成的损害和对污染物征收的排放税会对产品的相对价格产生影响。因此他给出的政策建议是通过征收污染排放费来加强环境规制，企业生产过程中对环境造成的损害必须要通过支付排污费来补偿，环境要素同传统要素一起决定了一国在某种产业上具有的比较优势。

麦圭尔（McGuire，1982）以传统两要素、两国贸易模型为基础，对环境规制引起的污染产业的分布进行了理论分析。他将环境要素看作是同资本和劳动一样，是一种新的生产要素，用环境要素生产率来衡量环境规制。环境要素生产率是一个由公众所决定的变量，当值为零时表明不存在环境规制。环境规制对污染密集型产业的影响相当于负的中性技术进步，用公式可以表示为：$X = f(\tau) F(K, L)$，其中 X 代表污染密集型产业的出口，τ 代表污染排放税，$f(\tau)$ 反映了环境规制的强弱，τ 越大，环境规制越强。K 和 L 分别代表资本和劳动。由公式可以看出，对于相同的劳动与资本投入，如果污染密集型产业遵守环境规制，征收的污染排放税高，其产出就会降低。反之，如果污染产业不遵守环境规制，污染排放税较低，其产出则会增加。因此，环境规制政策会影响资源的重新分配，较严格国家的污染产业将转移到环境规制宽松的国家。

鲍莫尔和欧茨（Baumol and Oates，1988）假设两个国家生产相同的产品，在局部均衡条件下，如果一国不采取环境规制政策而另一国采取环境规制政策，那么不采用环境规制的国家的比较优势就会扩大，而采用了环境规制的国家由于生产成本增加，其比较优势就会缩小。

齐齐尔尼斯基（Chichilnisky，1997）从产权的角度分析了自由贸易对自然资源利用的影响。她假设两个地区有相同的技术、资本和参数选择，不同的是两国具有不同的产权法律，北方国家拥有私人产权，而南方国家的产权不够清晰，人们可以更容易地获得自然资源，从而在自然资源上拥有比较优势。因此，为了减少环境污染，一国可以将产权作为一项环境规制政策来执行。

布兰德和泰勒（Brander and Taylor，1997）将国家按照环境规制分为高标准国家和低标准国家，构建了一个两国贸易模型，假设两国拥有相同的可再生自然资源禀赋，但是环境规制政策不同。实施宽松环境规制政策的国家有两种稳态采伐率：中度过量和严重超用。如果两国允许自由贸易，处于中度过量采伐状态时，实施宽松环境规制政策的国家拥有比较优势，出口资源密集型产品。但是，实施宽松环境规制的国家，如果其自然资源处于"严重超用"状态，两国开展自由贸易后，该国反而会进口资源密集型产品。这说明实施宽松环境规制政策的国家短期内资源密集型产品的出口具有比较优势，但从长期来看，具有不可持续性。也就是说，不恰当的产业结构导致发展中国家经济增长中的资源高消耗，"贫困—环境陷阱"最终导致资源丰裕的落后国家的长期经济增长收敛到较低区域。

也有部分学者反对"污染天堂假说"，从理论上论证了"波特假说"的成立。支持"波特假说"的文献相对比较丰富。阿帕依等（Alpay et al.，2002）以美国和墨西哥食品贸易为例，对"波特假说"进行了检验，结果表明墨西哥严格的环境标准提高了食品加工业生产率。伯曼和裴（Berman and Bui，2001）以美国洛杉矶地区石油冶炼业为研究对象，对"波特假说"进行了检验，结果表明洛杉矶尽管有较为严格的环境规制标准，但石油冶炼业全要素生产率却高于其他地区，说明严格的环境规制有利于企业的技术创新。滨本（Hamamoto，2006）分别以污染治理支出和研发投入作为环境规制和技术创新的代理变量，研究了环境规制与技术创新之间的关系，结果证明环境规制促进了技术创新，"波特假说"是成立的。阿姆贝克（Ambec，2010）以污染型企业为样本，研究表明环境规制的确能够促进企业的创新行为，进而发现环境规制与企业环境技术创新正相关。贾弗和帕尔默（Jaffe and Palmer，1997）以污染治理成本作为环境规制的代理变量，研究了环境规制与研发支出之间的关系，结果发现二者关系为正，污染治理成本每增加1%，研发支出增加0.15%。布伦纳迈尔和科恩（Brunnermeier and Cohen，2003）、波普（Popp，2004）、拉诺伊等（Lanoie et al.，2010）运用不同的方法也都得出类似结论，都支持"波特假说"。

对于"污染天堂假说"和"波特假说"，国内外学者运用不同国家的数据，采用各种计量方法，从不同角度进行了实证检验，检验结果与理论预期并不完全一致。

卡尔特（Kalt，1988）基于赫克歇尔 - 俄林的要素禀赋理论模型，用美国减污成本作为衡量环境规制政策的指标，运用1977年美国的截面数据研究了环境规制政策与一国产业竞争力之间的关系。结果表明在不考虑自然资源部门时，美国环境规制政策会促进行业的净出口，如果将自然资源部门考虑进去，美国环境规制政策则会减少行业的净出口。

托比（1990）在赫克歇尔 - 俄林 - 巴涅克（Heckscher-Ohlin-Vanek，HOV）模型的基础上加入环境规制变量，检验了环境规制对23个国家的5个污染密集型产业贸易模式的影响。他把美国污染治理成本大于等于总成本1.85%的商品定义为污染密集型商品。统计结果显示，严格的环境规制政策并没有显著地影响污染密集型产品的净出口，也就是说，环境规制政策对世界贸易模式没有明显影响。

这个结论即不支持"污染天堂假说",也不赞同"波特假说"。

曼尼和惠勒（Mani and Wheeler，1998）研究了1960～1995年世界主要经济体地区欧洲、北美、日本以及一些发展中国家的贸易和生产模式的转变、收入增长、土地价格、能源价格与环境规制的关系，发现从整个制造业来看，污染密集型产业的产出在经济合作与发展组织（OECD）成员国中的产出比例不断下降，而在发展中国家污染密集型产业的产出比例一直稳步上升。此外，发展中国家污染密集型产品净出口快速增长时期同时也是OECD成员国减污成本迅速上升的时期。但是，他们还提出，在实践中，"污染天堂"可能只是一种短暂的现象，因为发展中国家随着经济增长，对环境质量的要求会越来越高，这会迫使政府加强环境规制，对污染企业施加压力，从而改进生产技术或减少污染密集型产业的生产。

许（Xu，2000）使用20个国家在1990年的横截面数据，验证了环境规制并不是决定污染密集型产业竞争力的决定因素，决定污染密集型产业竞争力的主要因素是技术，他的观点与"波特假说"的观点其实是一致的。

格雷特尔和德摩尔（Grether and de Mole，2003）通过计算显示性比较优势，同时运用贸易引力模型，研究了五个污染密集型产业：造纸、化学、钢铁、有色金属及其他非金属制造，认为相对于环境规制政策，贸易壁垒对以上五种污染密集型产业南北贸易流的影响更大。莱文森和泰勒（Levinson and Taylor，2008）运用理论和实证模型检验了环境规制对贸易流量的影响。他们建立了一个简单的经济模型来论证不可观察的异质性、内生性和集聚问题是如何影响规制成本和贸易之间的关系的。采取模型的缩减形式，运用1977～1986年美国规制数据和美国、加拿大与墨西哥之间的贸易数据，对130个制造行业进行了检验。结果表明工业治理成本增加的行业净进口也有大幅增加。

科斯坦蒂尼和弗朗西斯科（Costantini and Francesc，2008）对不同国家能源部门的环境技术与出口贸易之间的关系进行了检验。发达国家尤其是欧盟，逐渐将能源政策作为经济可持续发展的一种工具。京都议定书开始关注能源部门的技术创新活动，能源产品的进口也不断增加。科斯坦蒂尼和弗朗西斯科运用贸易引力模型检验可再生资源环境技术的决定因素和传送渠道。结果支持"波特假说"，认为环境规制相当于一种比较优势资源，严格的环境规制可以取代国民技术创新，有利于能源技术的出口。

李和桑塞尔（Li and Samsell，2009）利用代表世界贸易89%的44个国家的数据，对政府环境与贸易流之间的关系进行了研究。此处的政府环境政策是广义的环境政策，包含了本书中针对污染所制定的环境政策。结果表明高度法治化的国家更倾向于与具有公平、公开透明政策的国家进行贸易，而与那些依靠人治的国家贸易量较少。因此宽松环境规制政策下不利于一国污染密集型商品的出口。

还有一部分学者探讨了"波特假说"成立的条件。阿姆贝克和鲍尔洛（Ambec and Barla，2002）认为"波特假说"在特定的条件下是可以成立的。贾弗和帕尔默（Jaffe and Palmer，1997）利用美国制造业的面板数据，对"波特假说"进行了检验，结果显示控制行业变量的情况下，环境支出与研发支出正相关，说明"波特假说"的成立与行业有关。森（Sen，2015）通过建立理论模型，运用多国汽车工业数据，得出合理的公司治理结构下，严格的环境规制会促进技术创新。

第四节　中国贸易与环境的相关研究

国内对于贸易与环境的研究主要集中在三个部分：（1）环境库兹涅茨曲线的理论与实证检验。（2）国际贸易对环境的影响。该部分又包含四个方面：基于安特卫勒等（2001）建立的南北贸易模型基础上的对影响环境的因素进行的实证检验；基于格罗斯曼和克鲁格（1991）的环境三效应基础上的中国对外贸易的环境效应的测算；基于不同贸易方式的比较；基于投入－产出方法的研究。（3）环境规制对贸易模式、企业竞争力的影响。

一、环境库兹涅茨曲线的理论与实证检验

国内对环境库兹涅茨曲线的研究相对于发达国家起步较晚，随着近年来环境问题日益突出，学者们对环境的研究不断深入。中国目前处于工业化发展阶段，随着国际产业的转移，中国变成世界工厂，中国制造遍及全球，同时工业在生产过程中产生大量污染，是环境污染的主要来源，而且对于工业的统计数据相对较为完善，因此对工业污染的研究较多。这些研究多以工业废水、工业废气和工业固体废弃物作为衡量工业污染的指标，分析国际贸易、经济发展与环境质量之间的关系，但针对不同污染物排放所得的结果同样存在方向上的差别。

包群等（2010）针对当前持续增加的外商投资和污染排放的日益增加，在科普兰和泰勒（2004）模型的基础上，引入外商投资变

量，分别考察外资流向清洁部门和污染密集型部门对环境带来的影响。得出的结论是：如果外商投资流向清洁部门，对东道国污染排放的影响取决于污染边际损害对收入的弹性。如果弹性小于 1，外商投资将使东道国污染排放增加；相反，如果弹性大于 1，则会使东道国污染排放减少。在环境质量是正常商品的情况下，无论是外商投资流向清洁部门，还是污染密集型部门，外资与东道国污染排放之间都存在倒 U 形关系。

陈华文和刘康兵（2004）建立了一个最优化模型，探讨了环境库兹涅茨曲线（EKC）存在的微观基础。进而采用上海市 1990 ~ 2001 年有关空气质量的指标数据，通过回归分析，检验了人均收入与环境质量之间的关系。

孙成浩和耿强（2009）通过对已有文献的分析，发现在解释 EKC 形成机理方面遗漏了一个重要变量，即人力资本。因此，他们将资本分为物质资本和人力资本，建立数理模型，解释了 EKC 的形成机理以及 EKC 拐点到来的充分条件和必要条件，并利用 1987 ~ 2003 年中国 29 个省份的面板数据，以 10 年为一个窗口，运用迭代最小二乘法，对文中提出的各种假设和结论进行验证，最后得出中国整体上仍处于环境库兹涅茨曲线的左半部分，经济增长正在从物质资本驱动型向人力资本驱动型转变。

赵细康和李建民等（2004）通过对 1981 ~ 2003 年中国污染物排放年均增长速度和污染物的人均排放的分析发现，这两个指标在研究期间均呈现出下降趋势。这主要归功于中国采取的一系列较为严格和有效的环境保护措施。那么这是否表明中国已经到达 EKC 的拐点呢？对此他们通过建立计量经济模型对中国环境库兹涅茨曲线进行了验证。结果表明中国多数污染物的排放与人均收入之间的关系尚不具有典型的 EKC 特征，离转折点还有一段距离。

许广月和宋德勇（2010）运用 1990 ~ 2007 年中国省域面板数据，检验了中国整体以及东、中、西部的碳排放环境库兹涅茨曲线的存在性。结果显示，从中国整体上来看，中国存在人均碳排放环境库兹涅茨曲线。但是，由于中国东部、中部和西部地区的异质性，只有东部和中部存在长期协整关系的倒 U 形的人均碳排放环境库兹涅茨曲线，西部地区并不存在倒 U 形的 CKC 曲线①，而是存在正 U 形的 CKC 曲线。

丁继红和年艳（2010）以江苏省为例，运用 1995 ~ 2006 年间的数据，用主成分分析方法构建了一个能够反映环境污染整体水平的综合指标，避免了许多文献中采用的单一污染指标，建立环境污染和人均产出的联立方程模型，对标准化后的污染综合指数与人均国民收入之间的关系进行了计量检验。结果表明综合污染指数与人均国民收入之间呈"N"形特征。即随着经济发展，环境质量先恶化，后改善，但又趋于恶化。

龚健健和沈可挺（2011）针对高能耗行业的污染排放占据工业部门污染排放的绝对比重的现实情况，且考虑到中国各省市之间存在的强的异质性，专门针对高能耗行业展开了区域部门的分析研究。他们选用中国 1998 ~ 2008 年 30 个省份的行业数据，在进行描述性统计分析的基础上，构建计量模型，采用动态面板数据估计方法，即广义矩估计法进行回归，结果表明中国高耗能产业主要分布于中东部部分地区和沿海地区，中西部地区承接了东部地区的高耗能产业的转移，验证了"污染天堂假说"。同时也检验出环境库兹涅茨曲线无

---

① 该篇文章中将二氧化碳（CO_2）的库兹涅茨（Kuznets）曲线简写为 CKC 曲线。

论在中国及东中西部都是成立的。

王芳等（2019）对经典环境库兹涅茨曲线假说在中国的适用情况进行了反思，讨论了环境库兹涅茨曲线成立需要的制度前提及在中国的适用情况，把中国环境问题纳入地方政府行为框架内加以考察，认为政府对环境问题的重视能够显著提高其环境保护意愿和行动进而对拐点产生影响。基于地级市面板数据的研究发现环境视察会显著提高地方政府环境保护支出的数量及比重，促进拐点生成，也可为中国环境治理及生态文明建设中的顶层设计思路提供理论注脚。

二、贸易对环境的影响

有关贸易对环境影响的文献主要是从四个角度展开研究：一是借鉴 ACT 模型或在此模型的基础上进行改进，得出影响环境质量的各个变量，其中包括贸易变量，然后运用中国数据进行检验。二是借鉴格罗斯曼和克鲁格（1991）提出的贸易三效应模型，从规模效应、结构效应和技术效应三方面检验各种贸易对环境造成的总效应。三是基于不同贸易方式的研究。四是基于投入－产出方法的研究。

（一）基于 ACT（2001）模型的研究

周茂荣和祝佳（2008）借鉴 ACT 模型，把经济发展对环境的影响区分为贸易与非贸易要素，并综合考虑要素禀赋和污染天堂对比较优势的影响，选取二氧化硫排放量作为因变量，样本区间为1992～2004 年中国 30 个省份的数据，实证分析结果与理论预期基本一致：资本劳动比与污染存在正相关关系，从污染和人均 GDP 的关系来看，检验结果证明环境库兹涅茨曲线是存在的。另外也验证了一国比较优势是由要素禀赋和污染天堂共同决定的。

陈昭（2010）借鉴安特卫勒等（2001）的做法，把污染纳入标准的贸易模型中，通过对污染供给和需求的分析，得到污染与经济要素之间关系的实证方程。采用 1985～2007 年全国 28 个省份的数据进行面板回归，从规模效应、结构效应和技术效应研究了对外贸易对中国环境的影响，得出的结论是贸易规模的扩大加剧了环境污染，资本劳动比的提高与环境污染正相关，收入与环境污染之间没有显著相关性。

傅京燕（2009）使用广东省 15 个产业 2000～2006 年的数据对产业污染排放强度的影响因素进行研究。结果表明，污染排放强度与能源使用、物质资本密度和人力资本密度存在正相关关系。另外，污染排放强度与企业效率、企业规模和研发（R&D）支出呈正相关关系。污染排放强度与资本支出呈负相关关系，但统计上并不显著。此外，文章还考察了正式与非正式的环境规制对污染排放的影响。

刘林奇（2009）在借鉴格罗斯曼和克鲁格（1993）三效应模型的基础上，构建了一个对外贸易环境效应的数理模型，增加了市场效率和环境政策两个变量，从污染供给方程和污染需求方程两个方面得出影响污染排放的主要经济要素。然后选取 2000～2006 年各省份的面板数据进行了实证检验，结果发现规模效应会进一步加剧中国的环境污染，技术效应降低了中国的污染水平，结构效应总体上增加了中国的污染水平。市场效率减少了中国的污染水平，环境政策效应减少了东部地区的污染，但增加了中部和西部的污染。总的来看，中国的对外贸易环境效应对东部地区的环境在显著性水平为 10% 时有较为明显的积极影响，对中部地区的环境有比较明显的负面影响，对西部地区的环境影响不明显。

（二）基于格罗斯曼和克鲁格（1991）模型的研究

何洁（2010）建立了一个四方程联立系统，在该系统中，通过一个结构模型来描述贸易对污染排放的影响，并分析贸易通过规模、结构和技术三个因素影响污染排放量的不同间接路径，同时运用中国 1993～2001 年 29 个省份的工业二氧化硫的排放量对该联立方程组进行检验。得出的最终结论是国际贸易对中国工业二氧化硫排放量的影响相对较小。

李怀政（2009）选取 1992～2006 年国有及国有规模以上的 14 种主要外向型工业企业作为研究对象，对中国出口贸易对环境的规模效应、结构效应和技术效应进行了实证分析。结论表明：中国外向型工业企业出口贸易的快速增长对环境的规模效应为负，污染排放增加，但结构效应和技术效应为正，有利于环境质量的改善，但由于规模负效应远远大于结构和技术带来的正效应，所以总效应为负，出口贸易增加不利于中国环境质量的改善。

郭红燕和韩立岩（2008）基于国内对贸易与环境的相关研究大都侧重于宏观层面的事实，选用中国 15 个工业行业，分 1998～2000 年和 2003～2005 年两个时间段，从行业层面对贸易的环境三效应进行了研究。结果表明：贸易对中国环境的结构效应和技术效应为正，规模效应为负，并远远超过结构效应和技术效应。另外还验证了"污染避难所假说"在中国不成立，相反中国还有可能将一部分环境成本转移到别的国家。

钱慕梅和李怀政（2011）通过能源转换对中国二氧化碳的排放

进行了估算，选用 1995~2007 年中国 29 个省份的面板数据，对影响二氧化碳排放的因素进行了检验。结果表明中国有较多省份的出口使二氧化碳排放量显著增加，说明中国很大一部分二氧化碳排放量是由出口引起的。但东中西三大区域的结构效应并不明显。人均收入的上升还没有使人们对环境的要求提高。

曲如晓和马建平（2009）利用科普兰和泰勒（2004）在格罗斯曼和克鲁格（1991）模型基础上建立的环境效应分解数学模型，选取工业废水排放量作为污染指标，使用 1995~2005 年中国工业行业数据，对制造业各行业的技术效应、结构效应、环境总效应和环境净效应进行了测算并进行比较，得出制造业各行业污染强度全面下降，技术效应增进幅度较大，但规模效应占据绝对主导地位，导致环境总效应和净效应对环境是不利的。

（三）基于不同贸易方式的研究

倪晓觎和俞顺洪（2010）基于中国省际面板数据，选取工业二氧化硫、废水和固体废弃物三个指标衡量环境污染程度，考查了不同贸易方式对中国环境的影响。结论表明产品内分工和贸易能够减少污染物的排放量，改善环境，而传统分工和贸易则会增加污染物排放量，加剧中国的环境污染。

刘婧（2009）通过自回归移动平均模型（ARMA Model）分析了加工贸易和一般贸易对中国环境的影响，结果表明加工贸易与中国环境污染的关系更为密切。

戴翔（2010）以产品内分工和贸易为视角，建立以出口污染密集度为研究对象、FDI 和加工贸易出口额等为主要解释变量的理论和计量模型，然后以 1995~2008 年为样本期间，采用四种工业污染物排放指标的混合数据，运用加权广义最小二乘法，对中国出口贸易污染密集度的影响因素进行了实证研究。结果表明：产品内分工和贸易对中国出口贸易污染密集度的下降具有显著影响。据此认为，从特定层面上来看，中国出口贸易增长具有环境福利提升效应。

田素妍等（2011）建立联立方程组模型，运用工业行业面板数据，对国际贸易模式与环境质量之间的关系进行研究，认为"低技术型垂直产业内贸易"会引致中国陷入"高投入、高能耗、高污染、高产能、低创新、低效益"的"四高二低"局面。

（四）基于投入－产出方法的研究

党玉婷（2010）运用1993～2006年国有及国有规模以上的工业企业的数据，根据投入产出表计算了中国制造业对外贸易的含污量，考察了对外贸易对中国污染排放的影响，得出的结论是贸易使中国承担了发达国家的高额的环境成本。

傅京燕和张珊珊（2011）在考虑中间产品产生污染的情况下，使用非竞争型投入产出表，依据格罗斯曼和克鲁格（1991）提出的贸易对环境所产生的规模效应、结构效应和技术效应，对中国制造业进出口隐含污染进行了测算，结果表明：规模效应是导致中国环境污染增加的主要原因，在中国不存在污染产业的结构变动。在考虑投入产出的情况下，纺织和机械产业是中国出口隐含污染的两大部门来源。

彭水军和刘安平（2010）运用投入－产出模型，构造了净出口含污量和污染贸易条件两个不同的指标，对1997～2005年间的中国对外贸易对主要污染物工业二氧化硫、工业烟尘、工业粉尘的排放和化学需氧量造成的影响进行定量测算。结果表明，对外贸易对中国环境的综合影响是负的，而且中国并没有专业化生产和出口污染密集型产品，"污染天堂假说"在中国不成立。

三、环境规制对贸易模式、企业竞争力的影响

（一）环境规制对贸易模式的影响及"污染天堂假说"

李小平和卢现祥（2010）采用环境投入产出模型和净出口消费指数等方法，运用中国20个工业行业与七国集团（G7）和OECD等发达国家的贸易数据和中国工业行业的二氧化碳排放量，实证检验了中国并没有通过国际贸易成为发达国家的"污染天堂"。

傅京燕和张珊珊（2011）使用非竞争型投入产出表，在考虑中间产品产生污染的情况下，通过计算中美双边贸易的内含污染，考查对外贸易对发达国家和发展中国家环境的影响，检验"污染避难所假说"是否成立。在考虑投入产出情况下，美国从中国进口的污染强度比中国从美国进口的污染强度高，说明中国环境在双边贸易中受损、美国受益，这从"局部"证明了"污染避难所假说"在发达国家和发展中国家是存在的。

苏桉芳等（2011）利用1999～2008年中国省际面板数据，应用面板向量自回归模型，研究FDI、贸易和环境规制之间的互动关系。结果发现，"污染天堂假说"在中国基本成立，而贸易自由化是使污染水平增加的一个主要因素。最后选择多种环境规制指标和划分东、中、西部子样本的方法进行稳健性分析，证实了结论的可靠性。

强永昌（2010）从静态和动态两个方面分析了环境规制政策对一国比较优势的影响。在静态分析中，从出口国环境规制、进口国环境规制和多边环境规制三个角度分析了环境规制对比较竞争优势的

影响。动态分析是基于"波特假说"理论，认为环境规制改变了企业最大化的约束条件，相对宽松的环境规制政策只能增加污染处理的成本，却不能激发企业的创新意识。得出的结论是环境规制的成本效应在短期对一国企业的竞争力是不利的，因此会减少出口贸易，但从长期来看，环境规制有利于出口竞争优势的培育，因此环境规制对一国长短期出口贸易具有不同的影响。

杨振兵等（2015）测算了 2001~2012 年中国工业行业的显性贸易比较优势，并构建一个考虑了"投入"与"产出"双重环境规制途径的新的环境规制指标，运用系统广义矩估计方法检验结果发现：环境规制强度对贸易比较优势的影响呈现先升后降的倒 U 形趋势，说明只有适当的环境规制才会提高生产率与贸易比较优势。而当环境规制程度过度严苛时，会造成生产率的降低，并且牺牲经济增长。

（二）环境规制对企业竞争力的影响

韩元军等（2011）分别建立了非规制模型、弱规制模型和强规制模型，采用中国各省市的面板数据，考察三种情况下影响中国东中西各区域工业效率的因素。结果表明，影响中国区域工业效率的因素存在规制强度差异和区域差异。从环境非规制到弱规制时，中国各省份和地区的工业综合技术效率趋向不变或下降，说明弱规制对工业企业的效率有不利影响。从环境弱规制到强规制时，各省份和地区的综合技术效率不变、下降和上升的情况都会发生。

陆旸（2009）采用 2005 年 95 个国家的总样本和 42 个国家的子样本，在 HOV 模型基础上进行了经验分析，结果表明政府通过降低环境规制水平以获得污染密集型商品比较优势的做法是不可取的，相反，适度地提高环境规制水平却可以获得污染密集型商品的出口竞争优势。

张三峰和卜茂亮（2011）利用2006年中国12个城市企业的调查问卷实证研究了环境规制对企业生产率的影响及机制。研究发现，环境规制及其强度与企业生产率之间存在着稳定、显著的正向关系。该研究为针对企业的环境规制政策提供了如何操作的微观证据。

解垩（2008）以1998～2004年为研究时段，用中国各省市二氧化硫排放量与各省环保投资作为环境规制的代理变量，研究了环境规制对工业全要素生产率、技术效率和技术进步的影响。得出的结论是工业二氧化硫排放的减少对工业生产率有负向作用，但不显著，治理污染投资增加也会使工业全要素生产率下降，但也没有通过显著性检验。

傅京燕和李丽莎（2010）为了避免采用单一环境指标带来的随意性，构建了产业环境规制指标和产业污染密度指标，首先采用描述性统计分析，发现中国传统的劳动密集型行业的竞争优势正在逐步降低，而污染密集型行业的比较优势在不断提高。然后在科尔等（2003a）模型的基础上，使用1996～2004年中国24个制造业的面板数据，采用Stata10.0软件对环境规制与产业竞争力之间的关系进行了检验，同时为了避免环境规制强度的内生性问题，采用了环境规制工具变量两阶段最小二乘法。结果表明环境规制会影响中国产业的国际竞争力，"污染避难所假说"在中国是成立的。但污染密集型产业并不是中国的比较优势产业，中国并不是发达国家的"污染避难所"。

王林辉和杨博（2020）设定双层嵌套CES生产函数，测量中国30个省份技术进步偏向性指数，基于技术进步方向视角考察国际贸易对区域环境的影响，并使用门限回归与分组回归研究不同环境规制强度下进出口贸易及贸易结构对能源偏向型技术进步的作用。研究结果发现：（1）进口和出口贸易均与区域能源偏向型技术进步存在倒 U 形曲线关系。（2）进口和出口贸易对技术进步方向作用受环境规制强度影响，只有环境规制强度达到一定程度之后，国际贸易才会有利于技术进步朝节能方向转变，并且不同环境规制强度下高能耗、中能耗与低能耗贸易产品作用方向与大小具有异质性。

四、简要评论与启示

通过以上文献综述我们可以看到，目前学术界对国际贸易、环境质量和环境规制关系的研究虽然出现了大量丰富的成果，但是随着全球化进程的加快、许多新的经济现象的出现，使得已有的理论和经验研究不能完全解释当前的经济现状。同时已有的研究尚未形成一致的观点，其中有的观点和研究结论甚至截然相反。已有文献存在的不足及原因归纳如下。

（一）文献不足之处

第一，与传统的不考虑环境要素的国际贸易理论相比，研究贸易与环境之间关系的理论就显得极其贫乏。而相比于环境规制与贸易关系的模型而言，贸易对环境的影响的理论分析较少，具有代表性的是安特卫勒等（2001）的对贸易与环境建立的一般均衡模型。

第二，贸易影响环境的作用机理论述不够充分。环境库兹涅茨曲线提出后，出现了诸如"污染治理门槛模型"（John and Pecchenino，1994）、"政策门槛模型"（Jones and Manuelli，1995）等理论模型，另外还有从经济增长、需求等角度进行的理论分析，而贸易对环境的作用机理一般都是围绕格罗斯曼和克鲁格（1991）的环境三效应进行解释的，相比于人们对环境库兹涅茨曲线（EKC 曲线）的解释，人们对贸易对环境的作用机理的研究还很逊色。

第三，通过对环境规制与贸易之间关系的文献分析，可以看出与"波特假说"相比，对"污染天堂假说"进行理论和实证检验的文献较多。对"波特假说"的研究相对较少，尤其是从微观企业视角对环境规制与技术创新之间的作用机制缺乏深入分析。

第四，中国对于贸易与环境问题的研究多是在借鉴国外已有的理论模型的基础上，运用中国数据进行检验，较少有结合本国国情的理论创新。而已有的理论模型多是依据发达国家的经济问题提出的，对于分析发展中国家的实际问题可能会存在一定的局限性。

（二）结论不一致的原因

首先，理论分析是建立在假设条件的基础上，而现实生活中的情况复杂多变。影响一国贸易模式和竞争力的因素很多，既涉及国际贸易体系中贸易商品的价格形成机制、投资决策、一国环境政策的形成机制和各国经济发展水平及目标取向，也涉及国家间和各国内部各种利益集团的协作和冲突等，在一个模型中很难将所有因素考虑进去，致使在建立模型过程中，只能针对某一个或某几个因素进行分析，从而得出不同的观点。

其次，实证分析结果不一致的原因在于所使用的理论依据、检验工具和变量选择的不同。（1）理论依据。根据不同的理论得出的影响变量也不一样，因此我们在检验这些变量的同时可能会遗漏掉一些重要变量，从而影响到结果的准确性。有时对于一些重要变量，由于微观数据和技术信息可获得性受到限制，导致难以进行精确的定量研究或者不得不放弃进行检验，即使能够找到一些替代变量，结果的准确性也会受到一定限制。（2）计量方法。随着计量经济学的发展，各种各样的计量经济学软件应运而生。目前常用的一些软件有 SPSS、Eviews、Matlab、Stata、SAS、Mathematica、GAUSS 等。每种软件都有其专业性，选择什么样的计量软件，运用什么样的计量方法非常重要，只有选择了合适的计量方法，得出的结果才会令人信服。（3）污染指标的选择。衡量环境污染的指标有很多，如废水、废气（包括二氧化硫、烟尘、粉尘、固体废弃物、氨氮、化学需氧量、二氧化碳等），由于这些污染物在负外部性上涉及的范围、影响的主体对象和对环境的损害程度不同，由此对这些污染物进行控制的动力机制和污染利益转嫁机制存在很大差异，因此，污染指标选择的不同也会影响到结论的一致性。

鉴于以上理论和经验研究的不一致性，导致最终得出的政策建议也是不同的。因此，要深入分析中国贸易与环境发展现状，从不同视角研究对外贸易、环境污染与规制之间的作用机制，并结合中国国情才能制定出适合中国当前发展的贸易和环境政策，实现贸易大国向贸易强国的转变。

第三章　中国对外贸易与环境统计分析

改革开放以来，中国很长时间内奉行吸引外资、出口创汇、奖出限入等经济促进政策，制定并长期执行"千方百计扩大出口"的战略方针，从中央到地方各级政府和企业的政绩和业绩考核多与对外贸易尤其是出口额有关。在这种政策背景推动下，中国对外贸易规模不断扩大，贸易结构逐步从原材料、初级产品出口向工业制成品出口升级，成功地从近于完全封闭的状态转变为全面融入世界经济之中，推动了中国经济的快速发展。但与此同时，我们也应看到，目前对贸易的度量，仅以价值量来衡量，而忽略了对环境的考查。改革开放以来，中国虽然在贸易总量上取得了辉煌成绩，但同时也在环境和资源上付出了沉重的代价。

第一节　中国对外贸易的发展变化

改革开放以来，贸易、消费与投资作为拉动中国经济的"三驾马车"，促进了中国经济快速发展。随着贸易对经济发展作用的增强，贸易与环境之间的联系也日益紧密。下面分别从贸易总量、贸易

结构和贸易方式等不同的角度对中国贸易的发展变化以及与环境的
关系进行分析说明。

一、贸易顺差与环境逆差

　　改革开放以来中国对外贸易的规模得到快速扩张。表 3.1 给出了
中国历年进出口商品值，可以看出，改革开放以来，中国进出口总值
从 1978 年的 206.4 亿美元增加到 2018 年的 46224.2 亿美元，增长了
224 倍。尤其是在 2001 年 12 月 11 日加入世界贸易组织（WTO）后，
中国积极参与经济全球化进程，抓住国际产业转移的历史性机遇，成
功应对各种挑战，对外贸易赢得了历史上最快最好的发展时期。2000
年中国进出口总值为 4742.9 亿美元，2004 年首次突破 1 万亿美元大
关，2007 年再破 2 万亿美元大关，2018 年达到 46224.2 亿美元。
2002～2018 年，中国对外贸易的年增长速度保持在 14% 以上[①]。

表 3.1　　　　　　　　　　中国历年进出口商品值统计　　　　单位：亿美元

年份	进出口	出口总额	进口总额	差额
1978	206.4	97.5	108.9	− 11.4
1980	381.4	181.2	200.2	− 19.0
1985	696.0	273.5	422.5	− 149.0
1990	1154.4	620.9	533.5	87.4
1991	1357.0	719.1	637.9	81.2
1992	1655.3	849.4	805.9	43.5
1993	1957.0	917.4	1039.6	− 122.2
1994	2366.2	1210.1	1156.1	54.0

---

　　①　历年《中国统计年鉴》及年度统计公报。

续表

年份	进出口	出口总额	进口总额	差额
1995	2808. 6	1487. 8	1320. 8	167. 0
1996	2898. 8	1510. 5	1388. 3	122. 2
1997	3251. 6	1827. 9	1423. 7	404. 2
1998	3239. 5	1837. 1	1402. 4	434. 7
1999	3606. 3	1949. 3	1657. 0	292. 3
2000	4742. 9	2492. 0	2250. 9	241. 1
2001	5096. 5	2661. 0	2435. 5	225. 5
2002	6207. 7	3256. 0	2951. 7	304. 3
2003	8509. 9	4382. 3	4127. 6	254. 7
2004	11545. 5	5933. 2	5612. 3	320. 9
2005	14219. 1	7619. 5	6599. 5	1020. 0
2006	17604. 0	9689. 4	7914. 6	1774. 8
2007	21737. 3	12177. 8	9559. 5	2618. 3
2008	25632. 6	14306. 9	11325. 6	2981. 3
2009	22075. 4	12016. 1	10059. 2	1956. 9
2010	29737. 7	15777. 6	13960. 0	1817. 6
2011	36421. 0	18986. 0	17435. 0	1551. 0
2012	38671. 2	20487. 1	18184. 1	2303. 1
2013	41589. 9	22090. 0	19499. 9	2590. 2
2014	43015. 3	23422. 9	19592. 4	3830. 6
2015	39530. 3	22734. 7	16795. 6	5939. 0
2016	36855. 6	20976. 3	15879. 4	5097. 1
2017	41071. 4	22633. 5	18473. 9	4195. 5
2018	46224. 2	24866. 8	21357. 3	3509. 5

资料来源：历年《中国统计年鉴》。

中国对外贸易发展的另一个显著特点就是贸易顺差。1994～2016年，除了2008年金融危机导致其后几年贸易顺差有所下滑外，其他各年份中国对外贸易顺差基本保持平稳增长趋势，贸易顺差的不断增加表明中国对外贸易净收入不断提高，外汇储备日渐丰富，国际经济活动的参与程度和地位也日益提高，迅速跻身于世界贸易大国行列。同时，贸易顺差的逐年扩大不断提高中国市场的开放程度，使中国充分参与到国际分工中来，有利于引进先进技术，优化资源配置，推进工业化进程，为中国经济发展带来显著的积极影响。

但是，在巨额贸易顺差背后，我们必须保持清醒头脑，明确两个问题：一是贸易过程中环境所受到的损失是否反映在出口商品的价格之中；二是由此获得的贸易利益是否有一部分返回来治理或补偿受到损害的环境。如果这两个问题都能够很好的解决，那么中国取得如此大的贸易顺差确实是一件值得可歌可泣的事情。相反，如果在贸易过程中环境的价值并没有得到充分的反映，或环境的损失没有得到应有的补偿，那么，这种贸易本身是存在严重的环境外部不经济性的，而环境的外部性并没有全部通过治理费或排污费等形式进入企业成本，因此将会导致贸易的虚假利润。另外，企业也没有将收益中的一部分拿来补偿所造成的环境损失，以致造成中国大量隐性的环境价值输出。中科院《2011年可持续发展报告——绿色经济转型》中的研究报告指出，中国出口产品的平均资源消耗污染强度大，进口产品的平均资源消耗污染强度小，所以尽管中国对外贸易在价值量上是顺差，但资源环境却在产生"逆差"，从这个意义上说，中国实际贸易顺差相对于考虑了真实环境成本情况下应有的贸易顺差而言，其实是过大了。况且，贸易顺差除了给环境造成一定的负面影响之外，还增加了外汇持有的成本和风险，增加了人民币升值压力，同时由于出口规模的大幅增加，挤占了贸易国尤其是美国、欧盟等发达国家的市场，贸易摩擦不断升级，环境贸易壁垒不断增加。

二、工业化程度不断加重，资源日益紧张

改革开放以来，伴随着工业化进程的加快，中国进出口商品结构发生了显著变化（见表3.2）。自1980年以来，中国初级产品的出口比重逐年下降，而工业制成品的出口比重逐年上升。20世纪80年代中期，初级产品所占出口比重为50.56%，工业制成品占出口比重为49.44%，二者基本持平。但到了90年代初，初级产品所占出口比重迅速下降，仅占总出口额的25.59%，工业制成品所占比重迅速上升，达到74.41%，此后一直保持这种变化趋势，至2018年，初级产品占出口总额的比例仅有5.43%，而工业制成品出口比例高达94.57%，说明工业制成品已经占据了中国出口商品的绝对主导地位，中国目前正处在工业化的快速发展阶段。工业制成品出口比重的上升，表明在当代国际分工纵深发展的背景下，中国参与全球化生产的不断深入。但与此同时，工业所具有的能源消耗大、污染强度高的特点决定了中国目前正处于工业占GDP的比重持续上升和环境污染持续增长并存的阶段，即环境库兹涅茨曲线的上升阶段。在这一阶段，工业制成品出口比例的增加，意味着对资源和能源的消耗不断增加，对中国环境造成了一定的负面影响。

表3.2　　　　　　**1985～2018年中国进出口商品结构变化**　　　　单位:%

年份	出口商品		进口商品	
	初级产品比例	制成品比例	初级产品比例	制成品比例
1985	50.56	49.44	12.52	87.48
1990	25.59	74.41	18.47	81.53
1991	22.45	77.46	16.98	83.02

续表

年份	出口商品		进口商品	
	初级产品比例	制成品比例	初级产品比例	制成品比例
1992	20.02	79.98	16.45	83.55
1993	18.17	81.83	13.67	86.33
1994	16.29	83.71	14.26	85.74
1995	14.44	85.56	18.49	81.51
1996	14.52	85.48	18.32	81.68
1997	13.10	86.90	20.10	79.90
1998	11.15	88.85	16.36	83.64
1999	10.23	89.77	16.20	83.80
2000	10.22	89.78	20.76	79.24
2001	9.90	90.10	18.78	81.22
2002	8.77	91.23	16.69	83.31
2003	7.94	92.06	17.63	82.37
2004	6.83	93.17	20.89	79.11
2005	6.44	93.56	22.38	77.62
2006	5.46	94.54	23.64	76.36
2007	5.05	94.95	25.43	74.57
2008	5.45	94.55	32.00	68.00
2009	5.25	94.75	28.81	71.19
2011	5.30	94.70	34.66	65.34
2012	4.91	95.09	34.92	65.08
2013	4.86	95.14	33.75	66.25
2014	4.81	95.19	33.02	66.98
2015	4.57	95.43	28.11	71.89
2016	5.01	94.96	27.78	72.22
2017	5.20	94.80	31.44	68.56
2018	5.43	94.57	32.86	67.14

资料来源：根据历年《中国统计年鉴》计算整理而得。

同期进口初级产品的比重逐年上升，由 1985 年的 12.52% 上升到 2018 年的 32.86%，而工业制成品的进口比重有所下降。大宗资源性初级产品出口的减少和进口的增加，反映了中国资源日益紧缺，只能通过贸易利用国际市场解决国内资源供需矛盾。

三、污染密集型产业贸易比重下降

按国际贸易标准分类 SITC3.0 可以将工业制造业细分为 14 个行业，具体包括：食品、饮料和烟草制造业（0，1），石油加工及炼焦业（3），化工原料及制品（5，54 除外），医药工业（54），皮革，皮毛及其制品业（61），橡胶制品业（62），造纸及纸制品业（64），纺织业（65），非金属矿物制品（66），黑色金属冶炼及压延加工业（67），有色金属冶炼及压延加工业（68），金属制品业（69），机械、电气、电子设备及交通运输设备制造业（7），服装业（84）。

表 3.3 列示了 1992～1994 年、2002～2004 年和 2014～2018 年三个时间段中国制造业各细分行业进出口商品结构所占比例。可以看出，从 20 世纪 90 年代以来，中国主要出口行业并没有发生太大变化，90 年代初期，中国主要出口行业是服装业、机械电气、食品、饮料和烟草业、纺织业以及化工原料及制品业等行业。近几年中国出口行业仍主要集中在以上各个行业，但各行业所占出口比重发生了很大变化。其中变化最明显的是机械电气行业，该产业在出口中的比例从 1992 年的 19.08% 快速增长到 2018 年的 48.58%，而其他行业如食品、饮料和烟草业、石油加工及炼焦业，包括在中国具有优势的产业——服装和纺织业都有不同程度的下降。由于机械电气行业对环境的污染较低，而食品、饮料和烟草业、石油加工及炼焦业、纺织

行业等都属于重污染或中度污染行业[①]，因此，出口结构变化有利于中国环境质量的改善。

表3.3　　　　　　中国制造业各细分行业进出口商品结构变化　　　　单位:%

行业	出口			进口		
	1992~ 1994年	2002~ 2004年	2014~ 2018年	1992~ 1994年	2002~ 2004年	2014~ 2018年
食品、饮料和烟草	12.51	4.95	2.82	3.47	1.93	3.24
石油加工及炼焦业	5.58	3.01	1.48	4.98	8.23	13.78
化工原料及制品	6.42	5.42	5.41	12.52	13.63	8.99
医药工业	1.26	0.76	0.64	0.50	0.46	1.28
皮革、皮毛及炼焦业	0.38	0.49	0.08	1.71	0.85	0.24
橡胶业	0.40	0.67	0.86	0.19	0.34	0.32
造纸及纸制品业	0.65	0.58	0.77	1.86	1.15	0.24
纺织业	12.30	7.20	4.83	9.20	3.92	1.00
服装业	24.89	13.94	7.30	0.60	0.40	0.38
非金属矿物制品	2.43	2.14	2.06	0.92	1.03	1.32
黑色金属冶炼	1.71	1.77	2.70	9.52	5.24	1.16
有色金属冶炼	1.23	1.58	1.05	2.14	2.80	2.55
金属制品业	3.65	4.21	3.79	1.39	1.14	0.85
机械电气等	21.09	50.52	47.13	46.46	51.25	39.64

资料来源：根据1993~2018年《中国统计年鉴》计算整理得到。

进口行业无论是行业结构还是各行业在总进口中所占比重变化都比较明显。20世纪90年代初期，进口行业主要是机械电气、化工原料及制品业、钢铁行业、纺织业和石油加工及炼焦业等行业，近几年，随着中国能源和资源的紧缺，石油加工及炼焦业和有色金属等行

---

① 污染密集型产业的确定是借鉴巴斯（Busse，2004）对污染产业的分类，即污染治理和控制支出在总成本中所占比重高于1.8%的行业为污染密集型行业，包括工业化学行业、纸和纸浆行业、非金属矿产业、钢铁行业和有色金属行业。

业的进口比重增加较为明显。机械电气等行业进口仍然占有较高比重，在1992～2018年占进口总额的平均比重高达45.78%。这与中国近几年提出的扩大先进技术、关键零部件和短缺资源进口的方针政策有很大关系。

四、产品内分工发展迅速，但处于生产低端环节

进入21世纪后，随着经济全球化的快速发展，尤其是中国加入WTO后，中国机械电气行业的出口比重有了很大增加。2014～2018年，该产业占中国制造业出口和进口比重分别为47.13%和39.64%，而1992～1994年，该产业出口比重仅占制造业总出口的21.09%。这与国际上产品内分工以及国内加工贸易的快速发展是分不开的。

当前经济全球化的发展促进了投资自由化，发达国家的跨国公司纷纷登陆发展中国家，而发展中国家也纷纷给予优惠政策以吸引外资流入。要素的全球流动带来生产方式的巨大变化，跨国公司把原本国内的资本、技术、管理等要素安排到其他国家，与东道国的要素相结合以完成产品的生产。国家之间在生产环节、生产工序上发生分工，这种分工发生在产品内部，分工的界限是生产要素。也就是说，国际分工已经从产品分工发展到要素分工，国际分工更加细化。

由表3.3可以看出，20世纪90年代，中国在国际中的分工仍然以制造业产业间分工为主，劳动密集型产业如纺织业、服装业在中国出口中占据很大比例，这些产品属于制造业的低端产品；而机械电气制造业的高端产品有很大比例是从国外进口，说明发达国家主要从事资本、技术密集型产品的生产。进入21世纪后，中国出口结构中机械电气制造业占据比例迅速增加，中国进口结构中机械电气制造

业占据比例也明显高于其他制造行业。

机械电气制造业在中国之所以能够迅速发展，还与机械电气制造业的生产过程具有可拆分性的特点是分不开的。机械电气制造业的产品一般是由多个零部件和多次独立加工过程组成的产品，总体上具有装配加工的特性，因此，各国可以根据各国的比较优势，更好地融入全球生产价值链中。但同时发展中国家也容易落入"价值链低端"的陷阱，不利于经济的长期可持续发展。

国际产业转移具有"从低到高"的梯次特征，发达国家出于本国产业结构调整和环境保护的需要，首先会把能耗高、污染严重的产业转移出去，这就决定了中国加工贸易起始阶段大多处于国际产业价值链的低端。中国承接这些产业后，限于自身有限的生产技术水平和较为落后的生产工艺，在产品的加工制造过程中不可避免会产生大量的污染，带来较为严重的环境问题，导致"贸易顺差、环境逆差"的不利局面。

五、外商直接投资比重大，环境资源压力上升

进入 21 世纪以来，外商投资企业在中国出口中的比例一直呈上升趋势，虽然其后由于人民币升值和出口退税政策的调整，在一定程度上减缓了外资企业强劲的出口势头，外商投资企业在中国出口中的比例有所下降，但仍然高于国有企业和集体企业在出口中的比重。外商投资带动了"三来一补"为特征的加工贸易的迅速发展。发展和扩大加工贸易复出口是中国 20 世纪 80 年代以来利用外资的最初形式。外资集中进入中国的制造业，如汽车、机器制造、计算机电信设备制造和电器等产业，在投资最初阶段需要大量进口零部件和机器

设备，经过组装后对外出口，形成"两头在外，中间在内"的加工贸易模式。随着中国制造实力的增强，跨国公司逐步扩展在中国的上下游产业链布局，完成产业梯度转移，将更多的研发、销售等部门迁移至中国，促进了中国从劳动密集型产业为主到资本、技术密集型产业为主的产业结构变迁，也提升了中国的外向型经济水平。但与此同时，外商直接投资所带来的环境和资源压力也是一个不容忽视的长期问题。

外资企业的逐利本性会导致其将污染严重、资源消耗较多的产业向其他国家特别是新兴发展中国家转移，从而加重了新兴国家原先已经存在的环境污染问题，恶化了新兴发展中国家的生态环境。另外由于发达国家和新兴发展中国家在环境法规的严格程度上存在较大差异，部分发展中国家对于环境标准的执行也不够严格，一些发达国家的污染密集型企业为了逃避本国严格的环境法规，降低环保成本，纷纷将生产基地转往新兴发展中国家，这类外资企业将会对新兴发展中国家的环境造成极大的负面影响。

六、高新技术产品进出口比重增加

（一）中国高新技术产品的进出口发展变化

中国高新技术产品进出口贸易在良好的国际、国内经济形势下，始终保持高速增长的态势。表 3.4 反映了中国 1996～2018 年高新技术产品进出口额的变化情况。从 1996 年到 2018 年，中国的高新技术产品占商品出口额比重从 8.4% 上升到 30.0%，中国的高新技术产品占商品进口额比重也从 16.2% 上升到 31.5%。而且从 2004 年，中国高新技术产品一直维持贸易顺差状态。2018 年，中国高新技术产品出口总额为 7468 亿美元，进口总额为 6717 亿美元。贸易顺差的出现既是现阶段国际高新技术产业转移和加工贸易发展的必然结果，也是中国高新技术产品出口竞争力显著增强的重要标志，同时还是发达国家对中国高新技术产品进行出口管制导致中国高新技术产品进口过少的结果。由于高新技术产品具有高附加值、高科技含量、低污染的特点，因此，高新技术产品出口增长在很大程度上提升了中国出口产品总体的附加值，降低了中国环境的污染。同时，通过高新技术产品的进口，促进先进技术的引进和吸收，推动企业利用高新技术成果改造传统产业，对于推动中国产业结构的改进、环境质量的改善和总体经济增长方式的转变有着不可估量的作用。

表 3.4　　　　　　　　　高新技术产品的进出口额变化

年份	高新技术产品出口额（亿美元）	占商品出口额的比重（%）	高新技术产品进口额（亿美元）	占商品进口额的比重（%）
1996	127	8.4	225	16.2
1997	163	8.9	239	16.8
1998	203	11.0	292	20.8
1999	247	12.7	376	22.7
2000	370	14.9	525	23.3
2001	465	17.5	641	26.3
2002	679	20.8	828	28.1
2003	1103	25.2	1193	28.9
2004	1654	27.9	1613	28.7
2005	2182	28.6	1977	30.0
2006	2815	29.0	2473	31.2
2007	3478	28.6	2870	30.0
2008	4156	29.1	3419	30.2
2010	4924	31.2	4127	29.6

年份	高新技术产品出口额（亿美元）	占商品出口额的比重（%）	高新技术产品进口额（亿美元）	占商品进口额的比重（%）
2011	5488	28.9	4630	26.6
2012	6012	29.3	5071	27.9
2013	6601	29.9	5579	28.6
2014	6605	28.2	5512	28.1
2015	6552	28.8	5481	32.6
2016	6036	28.8	5236	33.0
2017	6674	29.5	5840	31.6
2018	7468	30.0	6717	31.5

资料来源：海关统计。

（二）中国高新技术产品出口比重的国际比较

表3.5给出了世界各国高新技术产品出口额占制成品出口额的比重。世界上高新技术产品出口比重排名靠前的国家分别是菲律宾、新加坡、马来西亚、中国等科技并不发达的国家，而科技发达的美国、日本等国的高科技出口产品比重却排在这些国家后面，而且近几年呈下降趋势。作为技术水平低的国家，中国高技术产品顺差反而来自技术水平较高的美国、日本、欧盟等，这种现象是以 IT 为代表的国际产业转移和国际分工日益深化的结果。

表3.5　　　　高新技术产品出口额占制成品出口额的比重　　　单位：%

国家或地区	2010年	2012年	2013年	2014年	2015年	2016年	2017年
中国	27.5	26.3	27.0	25.4	25.7	25.2	23.8
文莱	26.0	12.8	15.2	7.8	17.9	8.3	29.9
印度	7.2	6.6	8.1	8.6	7.5	7.1	7.0
印度尼西亚	9.8	7.3	7.1	7.0	6.6	5.8	5.4
以色列	14.7	15.9	15.6	16.0	19.7	18.4	13.0

续表

国家或地区	2010 年	2012 年	2013 年	2014 年	2015 年	2016 年	2017 年
日本	18.0	17.4	16.8	16.7	16.8	16.2	13.8
哈萨克斯坦	34.2	30.0	36.7	37.2	41.2	30.4	22.7
韩国	29.5	26.2	27.1	26.9	26.8	26.6	14.2
老挝	6.6	—	—	25.0	35.2	33.6	—
马来西亚	44.5	43.7	43.6	43.9	42.8	43.0	28.2
菲律宾	55.3	48.9	49.2	49.0	53.1	55.1	57.7
新加坡	49.9	45.3	47.0	47.2	49.3	48.8	49.2
泰国	24.0	20.5	20.1	20.4	21.4	21.5	—
越南	8.6	20.5	28.2	26.9	—	29.8	29.5
南非	4.6	5.4	5.5	5.9	6.2	5.3	4.6
加拿大	14.1	13.8	14.1	13.6	13.8	12.9	12.9
墨西哥	16.9	16.3	15.9	16.0	14.7	15.3	15.2
美国	20.0	17.8	17.8	18.2	19.0	20.0	13.8
阿根廷	7.4	7.7	9.8	6.9	9.0	8.8	9.0
巴西	11.2	10.5	9.6	10.6	12.3	13.5	12.3
捷克	15.3	16.1	14.8	14.9	14.9	14.0	12.8
法国	24.9	25.4	25.9	26.1	26.9	26.7	23.6
德国	15.3	16.0	16.1	16.0	16.7	16.9	13.9
意大利	7.2	7.1	7.2	7.2	7.3	7.5	6.9
荷兰	21.3	20.1	20.4	19.9	18.0	17.8	18.6
波兰	6.7	7.0	7.8	8.7	8.8	8.5	7.7
俄罗斯	9.1	8.4	10.0	11.5	13.8	10.7	11.5
西班牙	6.4	7.0	7.7	7.0	7.2	7.0	7.1
土耳其	1.9	1.8	1.9	1.9	2.2	2.0	2.5
乌克兰	4.3	6.3	5.9	6.5	7.3	5.8	5.0
英国	21.0	21.7	21.9	20.7	20.8	21.8	21.1
澳大利亚	11.9	12.7	12.9	13.6	13.5	14.8	12.8
新西兰	9.0	9.8	10.3	9.1	9.6	10.1	8.6

资料来源：世界银行 WDI 数据库。

　　由表 3.6 中可以看出，中国的高新技术产品出口主要集中在计算机与通信技术产品和电子技术产品。例如，2010 年高新技术产品出口中计算机与通信技术产品所占比重约为 49.7%，电子技术产品出口所占比重约为 30.2%，其他类别产品出口所占比重则很小。在中国高新技术产品出口中，外资企业所占比重占绝对优势，2010 年高达 76.8%，而且加工贸易所占比重很大，2010 年高新技术产品出口和进口中加工贸易所占比重分别为 66.5% 和 51.8%，说明中国出口行业对国外技术、装备以及研发能力的依赖，即使是高新技术产品的出口，核心部件多由国外厂家提供，中国承接的是低利润生产制造环节，所以虽然高新技术产品出口比重有了很大提高且在国际上处于领先位置，但技术含量和附加值都亟待提高，由技术提高对环境带来的改善也是有限的。

表 3.6　　　　　　　2010 年高新技术产品进出口总体情况

分类		进出口			出口			进口		
		金额(亿美元)	同比(%)	占比(%)	金额(亿美元)	同比(%)	占比(%)	金额(亿美元)	同比(%)	占比(%)
合计		9050.8	31.8	100.0	4924.0	30.6	100.0	4126.8	33.2	100.0
按贸易方式	加工贸易	6018.4	26.8	66.5	3880.4	26.4	78.8	2138.0	27.4	51.8
	一般贸易	1785.4	40.5	19.7	747.4	45.1	15.2	1038.0	37.3	25.2
	其他贸易	1247.0	47.0	13.8	296.1	61.2	6.0	950.8	43.0	23.0
按企业性质	外资企业	7262.5	30.4	80.2	4093.6	28.8	83.1	3168.8	32.5	76.8
	其他企业	973.4	49.2	10.8	489.8	47.4	10.0	483.5	51.0	11.7
	国有企业	814.9	26.2	9.0	340.5	31.3	6.9	474.4	22.7	11.5
按产品类别	计算机与通信技术	4497.4	26.3	49.7	3560.2	26.0	72.3	937.2	27.4	22.7
	电子技术	2736.6	37.1	30.2	774.7	51.7	15.7	1961.9	32.1	47.5
	光电技术	809.5	36.1	8.9	286.3	36.8	5.8	523.2	35.8	12.7

续表

分类	进出口			出口			进口		
	金额 (亿美元)	同比 (%)	占比 (%)	金额 (亿美元)	同比 (%)	占比 (%)	金额 (亿美元)	同比 (%)	占比 (%)
按产品类别　计算机集成制造技术	426.7	72.2	4.7	77.2	51.2	1.6	349.6	77.7	8.5
生命科学技术	255.6	24.7	2.8	138.7	25.8	2.8	116.8	23.3	2.8
航空航天技术	201.9	20.8	2.2	34.9	30.1	0.7	167.0	19.0	4.1
材料技术	102.2	27.1	1.1	44.2	49.3	0.9	57.9	14.1	1.4
其他技术	13.1	34.6	0.2	4.2	15.7	0.1	8.9	45.9	0.2
生物技术	7.8	18.6	0.1	3.6	19.9	0.1	4.2	17.4	0.1

资料来源：商务部网站。

第二节　中国环境质量发展状况

改革开放以来，中国的经济发展是建立在粗放式增长基础之上的，这种"高能耗、高投入"的增长方式给生态环境造成了较大压力。下面分别从水资源污染和大气污染两个方面进行介绍。

一、水资源污染

（一）全国整体污染状况

根据《2010 年环境统计年报》，2010 年中国地表水污染依然较为严重。长江、黄河、珠江、松花江、淮河、海河和辽河七大水系总体为轻度污染。204 条河流 409 个地表水国控监测断面中，Ⅰ ~ Ⅲ 类、Ⅳ ~ Ⅴ 类和劣 Ⅴ 类水质的断面比例分别为 59.9%、23.7% 和 16.4%。主要污染指标为高锰酸盐指数、五日生化需氧量和氨氮。其中，长江、珠江水质良好，松花江、淮河为轻度污染，黄河、辽河为中度污染，海河为重度污染。经过多年的环境治理，《2018 年中国生态环境状况公报》显示，长江、黄河、珠江、松花江、淮河、海河、辽河七大流域和浙闽片河流、西北诸河、西南诸河监测的 1613 个水质断面中，Ⅰ 类占 5.0%，Ⅱ 类占 43.0%，Ⅲ 类占 26.3%，共 74.3%；Ⅳ 类占 14.4%，Ⅴ 类占 4.5%，共 18.9%；劣 Ⅴ 类占 6.9%。与 2010 年相比，Ⅰ ~ Ⅲ 类水质断面比例上升 15.4 个百分点，Ⅳ ~ Ⅴ 类下降 9.3 个百分点，劣 Ⅴ 类下降 9.5 个百分点。

（二）全国废水及主要污染物排放变化趋势

自 2001 年以来，中国废水和主要污染物排放量发生了很大变化（见表 3.7）。废水排放总量呈持续上升趋势，2014 年，全国废水排放总量为 716.2 亿吨，比 2001 年增加 65.4%。其中，工业废水排放量为 205.3 亿吨，生活废水排放量为 510.3 亿吨，分别比 2001 年增加了 1.28% 和 121.6%，可以看出，生活污水排放量增长速度较快，工业废水排放量增长速度不是太大。化学需氧量排放总量为 1175.8 万吨，比 2001 年下降 11.9%。其中工业化学需氧量下降 48.8%，生活化学需氧量不仅没有下降，反而有所增加，比 2001 年上升 8.41%。氨氮排放量为 161.4 万吨，比 2001 年下降 2.89%，与化学需氧量一致的是，工业氨氮排放量下降幅度较大，生活氨氮排放量呈增长趋势。通过工业与生活废水排放量、化学需氧量排放量、氨氮排放量的对比可以看出，中国在控制工业废水和主要污染物排放上取得了一定成效，但对生活废水和主要污染物的排放还没引起足够重视，随着人们生活水平的提高，生活污染物排放的增加会大大超过工业污染物的排放，对环境造成较大破坏，这点应该引起高度重视。

表3.7 全国废水和主要污染物排放量年际变化

年份	废水排放量（亿吨）			化学需氧量排放量（万吨）			氨氮排放量（万吨）		
	合计	工业	生活	合计	工业	生活	合计	工业	生活
2001	433.0	202.7	230.3	1404.8	607.5	797.3	125.2	41.3	83.9
2002	439.5	207.2	232.3	1366.9	584.0	782.9	128.8	42.1	86.7
2003	460.0	212.4	247.6	1333.6	511.9	821.7	129.7	40.4	89.3
2004	482.4	221.1	261.3	1339.2	509.7	829.5	133.0	42.2	90.8
2005	524.5	243.1	281.4	1414.2	554.7	859.4	149.8	52.5	97.3
2006	536.8	240.2	296.6	1428.2	541.5	886.7	141.3	42.5	98.8
2007	556.8	246.6	310.2	1381.8	511.1	870.8	132.3	34.1	98.3
2008	572.0	241.9	330.1	1320.7	457.6	863.1	127.0	29.7	97.3
2009	589.2	234.4	354.8	1277.5	439.7	837.8	122.6	27.3	95.3
2010	617.3	237.5	379.8	1238.1	434.8	803.3	120.1	27.3	93.0
2011	659.2	230.9	427.9	1293.6	354.8	938.8	175.8	28.1	147.7
2012	684.8	221.6	462.7	1251.3	338.5	912.8	171	26.4	144.6
2013	695.4	209.9	485.1	1209.3	319.5	889.8	166	24.6	141.4
2014	716.2	205.3	510.3	1175.8	311.4	864.4	161.4	23.2	138.2

资料来源：2002～2016年《中国统计年鉴》。2015年后统计标准发生变化，故此后数据未列。

二、大气污染

（一）全国整体污染状况

《2010年环境统计年报》显示，2010年全国471个县级及以上城市开展环境空气质量监测，监测项目为二氧化碳、二氧化氮和可吸入颗粒物。其中 3.6% 的城市达到一级标准，79.2% 的城市达到二级标准，15.5% 的城市达到三级标准，1.7% 的城市劣于三级标准。全国县级城市的达标比例为 85.5%，略高于地级及以上城市的达标比例。

《2018 年中国生态环境状况公报》显示，2018 年全国 338 个地级及以上城市中，121 个城市环境空气质量达标，占全部城市数的 35.8%，比 2017 年上升 6.5 个百分点；217 个城市环境空气质量超标，占 64.2%。471 个监测降水的城市（区、县）中，酸雨频率平均为 10.5%，比 2017 年下降 0.3 个百分点。出现酸雨的城市比例为 37.6%，比 2017 年上升 1.5 个百分点；酸雨频率在 25% 及以上、50% 及以上和 75% 及以上的城市比例分别为 16.3%、8.3% 和 3.0%。2018 年酸雨区面积约 53 万平方千米，占国土面积的 5.5%，比 2017 年下降 0.9 个百分点；其中，较重酸雨区面积占国土面积的 0.6%。酸雨污染主要分布在长江以南—云贵高原以东地区，主要包括浙江、上海的大部分地区、福建北部、江西中部、湖南中东部、广东中部和重庆南部。

（二）废气及其主要污染物

由表 3.8 可知，2001 ~ 2017 年，二氧化硫排放量呈先增长后下降的倒 U 形，2006 年二氧化硫排放量达到最高值，为 2588.8 万吨，随着中国对环境问题的不断重视，2017 年二氧化硫排放量下降到 875.4 万吨。烟尘排放量也呈现同样趋势。2001 年烟尘排放量为 1069.8 万吨，2005 年达到峰值 1182.5 万吨，然后缓慢下降，2017 年为 796.26 万吨。

表 3.8　　　　　　全国废气中主要污染物排放量年际变化　　　　　单位：万吨

年份	二氧化硫排放量	烟尘排放量
2001	1947.8	1069.8
2002	1926.6	1012.7
2003	2158.7	1048.7
2004	2254.9	1094.9
2005	2249.3	1182.5
2006	2588.8	1088.8
2007	2468.1	986.6
2008	2321.2	901.6
2009	2214.4	847.2
2010	2185.1	829.1
2011	2217.91	1278.83
2012	2117.63	1235.77
2013	2043.92	1278.14
2014	1974.42	1740.75
2015	1859.12	1538.01
2016	1102.26	1010.66
2017	875.40	796.26

资料来源：2002～2018 年《中国统计年鉴》。

（三）大气环境质量的国际比较

目前，中国城市大气环境质量与世界卫生组织环境空气质量指导值有一定差距。国际通行的衡量空气污染的标准是测量每立方米空气中所含的悬浮微细粒子，世界卫生组织的标准是 20 微克[①]。2017年，中国每立方米空气中颗粒物含量是 52.7 微克，是同一时期美国、澳大利亚等国的 7 倍左右（见表 3.9）。随着国际产业的转移，大量

---

① 中华人民共和国生态环境部网站。

的化工企业建在中国，在为当地带来经济发展和就业机会的同时，也带走了廉价的产品和丰厚的利润，留下的是被污染的环境。

表 3.9　　　　每立方米空气中颗粒物含量（直径不足 2.5
微米的颗粒物）　　单位：微克/立方米

国家或地区	2000 年	2010 年	2015 年	2016 年	2017 年
世界	45.9	50.2	47.2	45.2	45.5
中国	60.7	69.5	59.1	52.2	52.7
孟加拉国	63.0	70.8	67.0	60.1	60.8
文莱	6.9	7.4	6.5	5.9	5.9
柬埔寨	30.0	31.3	26.8	25.2	25.6
印度	84.2	95.8	89.3	89.7	90.9
印度尼西亚	17.9	18.2	16.6	16.4	16.5
伊朗	38.4	38.7	39.6	38.8	39.0
以色列	24.5	24.0	22.8	20.8	21.4
日本	14.2	14.1	12.7	11.6	11.7
哈萨克斯坦	15.9	15.9	14.4	13.1	13.8
韩国	29.8	29.8	28.2	25.1	25.0
老挝	27.5	31.7	26.1	25.8	25.1
马来西亚	18.1	18.6	17.4	15.8	16.0
蒙古国	39.0	43.3	42.5	38.2	40.1
缅甸	39.4	44.1	38.5	36.0	35.6
巴基斯坦	61.1	68.0	60.1	58.6	58.3
菲律宾	22.2	23.6	19.6	18.2	18.1
新加坡	19.3	20.6	20.7	18.8	19.1
斯里兰卡	30.9	31.0	25.3	14.0	11.1
泰国	31.0	31.6	27.3	26.3	26.3
越南	36.2	39.4	32.5	30.2	29.6
埃及	73.3	77.4	88.2	88.1	87.0
尼日利亚	67.6	52.6	75.4	71.4	71.8
南非	26.7	27.1	26.1	25.1	25.1

续表

国家或地区	2000 年	2010 年	2015 年	2016 年	2017 年
加拿大	8.3	8.4	7.2	6.5	6.4
墨西哥	26.8	26.4	22.1	20.7	20.9
美国	9.5	9.4	8.1	7.4	7.4
阿根廷	16.8	16.9	14.6	13.8	13.3
巴西	15.8	16.0	13.6	12.7	12.7
委内瑞拉	21.6	21.7	18.3	16.8	17.0
捷克	20.4	20.7	17.4	16.1	16.1
法国	14.7	14.8	12.7	11.9	11.8
德国	14.9	15.2	12.8	11.9	12.0
意大利	19.8	19.0	17.9	16.5	16.8
荷兰	14.9	15.2	12.9	12.0	12.0
波兰	25.8	27.2	22.7	21.0	20.9
俄罗斯	19.1	19.5	17.0	16.2	16.2
西班牙	11.8	11.3	10.4	9.7	9.7
土耳其	42.7	43.8	45.4	44.5	44.3
乌克兰	24.2	23.5	21.2	20.6	20.3
英国	12.6	12.3	10.8	10.5	10.5
澳大利亚	10.8	10.6	9.3	8.6	8.6
新西兰	7.2	7.2	6.3	6.0	6.0

资料来源:《国际统计年鉴 (2018)》。

第三节　中国各地区的贸易与环境

贸易和环境都具有地域性特点，中国国土辽阔，分为东、中、西部三个地区，各个地区的经济发展以及资源禀赋等有很大不同，导致各地区环境也呈现出很大差异。

一、中国各地区的贸易发展状况

改革开放尤其是加入 WTO 以来，中国贸易获得迅速发展，但是中国各地区由于经济发展阶段以及自身特点的不同，导致贸易进出口呈现出许多不同的特点。

表 3.10 和表 3.11 分别表示中国各地区出口额、进口额占各地区生产总值的比重。可以看出，加入 WTO 后，由于可以享受到稳定的最惠国待遇和自由贸易带来的优惠，中国各地区进出口比重都呈现出增长趋势，直到 2008 年金融危机的爆发，世界经济不景气，使得中国进出口比重有了一定程度的下滑。但是随着经济的复苏，到了 2010 年，大部分省份的出口比重又有了回升。近几年，由于国内贸易政策的调整以及国际上贸易战的影响，出口占比又有所下降。

表 3.10　　　中国各地区出口额占地区生产总值的比重　　单位:%

地区		2001 年	2007 年	2008 年	2009 年	2010 年	2013 年	2014 年	2015 年	2016 年	2017 年
东部	北京	26.26	37.78	35.93	27.19	26.59	19.74	17.95	14.79	13.36	14.16
	天津	40.92	55.12	43.52	27.15	27.51	21.01	20.54	19.27	16.31	15.91
	河北	5.93	9.50	10.41	6.22	7.49	6.74	7.46	6.88	6.28	6.25
	辽宁	18.09	24.06	21.38	15.00	15.81	14.68	12.61	11.02	12.76	12.99
	上海	43.88	87.55	83.49	64.37	71.27	57.96	54.77	48.57	42.93	42.82
	江苏	25.27	59.51	53.36	39.49	44.21	34.08	32.26	30.08	27.19	28.63
	浙江	27.57	52.01	49.93	39.52	44.07	40.8	41.79	40.13	37.39	37.55
	福建	28.29	41.06	36.57	29.77	32.84	30.15	28.97	27.01	23.72	22.1
	山东	16.31	22.16	20.92	16.02	18.01	15.05	14.96	14.23	13.3	13.71
	广东	65.60	88.37	76.57	62.10	66.67	63.08	58.53	55.02	48.88	47.03
	海南	11.83	8.27	7.33	5.40	7.61	7.22	7.75	6.30	3.47	6.62

续表

地区		2001 年	2007 年	2008 年	2009 年	2010 年	2013 年	2014 年	2015 年	2016 年	2017 年
中部	山西	5.98	8.25	8.78	2.63	3.46	3.91	4.30	4.11	5.02	4.44
	吉林	5.71	5.55	5.16	2.93	3.50	3.20	2.57	2.04	1.88	2.00
	黑龙江	3.93	13.12	14.04	8.02	10.63	6.95	7.08	3.32	2.16	2.22
	安徽	5.82	9.10	8.92	6.03	6.80	9.10	9.28	9.13	7.70	7.67
	江西	3.95	7.14	7.70	6.58	9.61	12.11	12.52	12.33	10.61	11.04
	河南	2.55	4.24	4.13	2.58	3.09	6.92	6.92	7.25	7.00	7.12
	湖北	3.83	6.66	7.18	5.26	6.12	5.70	5.98	6.16	5.26	5.82
	湖南	3.79	5.25	5.06	2.87	3.36	3.73	4.53	4.12	3.72	4.62
西部	四川	3.67	6.54	7.12	6.09	7.10	9.84	9.65	6.86	5.61	6.86
	贵州	3.08	3.86	3.71	2.37	2.82	5.27	6.23	5.90	2.65	2.89
	云南	4.82	7.60	6.08	5.00	7.13	8.2	9.01	7.60	5.14	4.73
	陕西	4.56	6.17	5.11	3.33	4.15	3.91	4.84	5.11	5.39	7.58
	甘肃	3.50	4.67	3.51	1.48	2.69	4.58	4.79	5.33	3.69	1.55
	青海	4.11	3.68	2.86	1.59	2.34	2.47	3.01	4.23	3.51	1.10
	宁夏	8.63	8.98	7.26	3.75	4.69	6.13	9.60	6.34	5.20	7.19
	新疆	3.71	24.83	32.04	17.46	16.15	16.33	15.55	11.69	10.68	10.97
	广西	4.49	6.67	7.27	7.37	6.79	8.01	9.53	10.35	8.28	10.25
	内蒙古	3.03	3.49	2.94	1.62	1.93	1.50	2.21	1.97	1.60	2.06

资料来源：2002~2018 年《中国统计年鉴》。

通过对中国东中西部地区出口比重的对比可以发现，中国东部地区的出口比重明显要高于中部和西部，这与改革开放以来国家对东部地区的贸易扶持政策以及东部地区经济相对比较发达有很大关系。其中，广东省作为改革开放的先行者和排头兵，出口是拉动广东省经济的主要力量，出口占本省 GDP 的比重一直遥遥领先，到 2007 年甚至达到 88.37%，此后虽然有下降趋势，但 2017 年，这一比重仍达到 47.03%。上海市的出口贸易比重在 2001 年为 43.88%，入世后一直呈增长趋势，到 2007 年仅 6 年的时间就翻了将近一番，达到 87.55%，金融危机后经过调整在 2010 年出口贸易比重已经超过广东，达到 71.27%，位居全国第一。另外几个出口比重较高的地区分别是江苏、浙江、福建、北京、天津等。中部地区的江西省和西部地区的新疆出口比重较大。

　　表 3.11 表示中国各地区进口额占地区 GDP 的比重，可以看出，中国进口贸易所占比重较高的是北京市，北京市的进口比重远远高于出口比重，在全国处于领先地位。在 2011 年，北京市进口贸易占本地区 GDP 比重高达 131.37%。通过与出口相比较，可以看出北京市多年来的贸易一直呈逆差状态。其他进口比重较高的有上海、广东、天津、江苏等经济相对发达的地区。与东部相比，中部和西部由于经济相对落后，进口所占比重普遍偏低。

表 3.11　　　　中国各地区进口额占地区生产总值的比重　　　　单位:%

地区		2011 年	2012 年	2013 年	2014 年	2015 年	2016 年	2017 年	2018 年
东部	北京	131.37	123.03	114.44	101.71	71.66	59.29	64.17	73.59
	天津	33.64	32.96	34.09	31.75	23.77	21.57	25.30	25.90
	河北	6.59	4.98	5.22	5.05	3.88	3.32	3.68	3.64
	辽宁	13.07	11.72	11.37	11.86	9.83	12.91	15.84	17.16
	上海	76.67	71.90	67.30	66.79	62.80	58.78	62.43	62.26
	江苏	29.85	25.62	23.01	20.93	18.38	16.24	17.94	18.51
	浙江	18.59	16.00	14.28	12.49	10.23	9.61	11.91	13.06
	福建	18.64	18.62	17.80	16.33	13.47	12.19	13.91	13.22
	山东	15.69	14.75	14.84	13.67	9.56	9.45	10.96	11.42
	广东	46.31	45.35	45.13	39.00	32.45	29.16	28.96	29.70
	海南	26.15	24.73	21.98	20.08	17.20	15.02	9.12	11.39

续表

地区		2011 年	2012 年	2013 年	2014 年	2015 年	2016 年	2017 年	2018 年
中部	山西	5.36	4.18	3.81	3.51	3.05	3.41	3.04	3.32
	吉林	10.43	9.82	9.06	9.17	6.32	6.36	6.39	6.88
	黑龙江	10.70	10.68	9.70	8.81	5.36	4.95	5.84	8.90
	安徽	6.01	4.60	5.56	5.21	4.41	4.33	5.86	5.85
	江西	5.29	4.05	3.69	4.18	3.46	3.66	4.01	4.27
	河南	3.21	4.71	4.61	4.50	5.17	4.65	4.63	4.02
	湖北	4.62	3.56	3.38	3.68	3.44	2.70	3.02	3.13
	湖南	2.97	2.66	2.60	2.47	2.19	1.80	2.56	2.89
西部	四川	5.74	5.47	5.31	5.46	3.75	4.29	5.59	6.43
	贵州	2.16	1.55	1.08	0.91	1.35	0.54	1.18	1.10
	云南	4.76	6.73	5.04	5.19	3.60	3.76	4.93	6.28
	陕西	3.93	2.68	3.78	4.67	5.43	4.80	4.84	5.87
	甘肃	8.45	5.95	5.44	2.98	1.96	2.55	2.83	3.03
	青海	1.01	1.43	1.62	1.57	0.75	0.41	0.60	0.60
	宁夏	2.11	1.55	1.60	2.53	1.66	1.59	2.72	1.85
	新疆	5.86	4.90	3.88	2.78	1.45	1.41	1.82	1.94
	广西	6.01	6.79	6.06	6.36	8.58	8.93	10.87	9.48
	内蒙古	3.26	2.90	2.89	2.82	2.47	2.64	3.79	3.80

资料来源：2012～2019 年《中国统计年鉴》。

二、中国各地区的污染排放

(一) 各地区废水排放比较

图 3.1 是 2017 年中国各地区废水排放量，可以看出，广东、江苏、山东、浙江、河南、四川等省份的废水排放量较大。其中有些省份属于中国东部发达地区，经济较为发达，如广东、江苏、山东和浙江等，不过这些省份具有一个共同特点就是贸易尤其是出口贸易发展迅速，制造业在国民经济中所占比重较大，较高的废水排放量说明了这些地区的经济高速发展是建立在高能耗、高污染的基础之上的，

产业结构亟须改变。与此同时，废水排放量较低的既有发达地区如北京、天津、海南等，也有不发达地区如西藏、青海、贵州、甘肃等。北京、天津、海南等省份的废水排放量减少与这些地区服务业的快速发展有很大关系，服务业属于清洁行业，对环境的污染较小，因此服务业越发达的地区环境质量也就越好。而青海、贵州、甘肃等不发达地区的废水排放量较少则是由于其工业发展水平低下造成的。

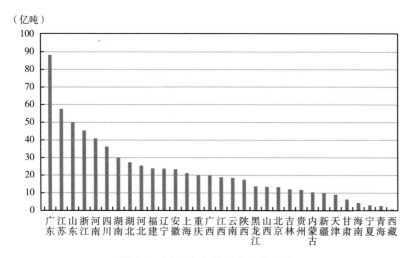

图 3.1　2017 年各地区废水排放量

资料来源：《中国统计年鉴（2018）》。

（二）各地区废气排放比较

2017 年各地区工业 SO_2 排放量和工业烟尘排放量除了服务业较为发达的省份如海南、北京、上海等，以及经济较不发达省份如青海、宁夏等之外，其他许多省份的废气排放量都较高，这既与当地的经济规模和污染排放强度有关，更为重要的是与当地资源决定的产业结构有很大关系。山东产业结构仍以重化工业为主，钢铁、水泥、电解铝等高污染、高耗能的产能过剩问题突出，污染物排放相对集中，重化工业约占70%，还存在大量重污染企业，严重影响城市空气质量。能源结构偏重，也是一大问题[①]。煤炭是山东省主要能源，消费量占全国的十分之一，2013年以来，山东省煤炭消费总量仍呈增长趋势，特别在冬季采暖期，燃煤量大面广、管理粗放，城郊和农村散煤燃烧后直接排放，导致空气质量季节性下降尤为明显。除此之外，山东汽车保有量大且增速快，2015年全省汽车保有量为1553.6万辆，机动车污染也日益突出[②]。河南、山西的工业SO_2和工业烟尘排放量都很大，这与当地煤矿产业的发展不无关系。由各地区工业SO_2污染量（见图3.2）和工业烟尘污染量（见图3.3）可以看出，当经济发展到一定水平时，污染量与各地区经济发展水平呈反比，污染排放量随地区经济发展水平的提高而不断下降。但是如果经济发展受当地自然资源影响比较大，则废气污染强度不仅与经济发展水平有关，还与当地资源禀赋有关。

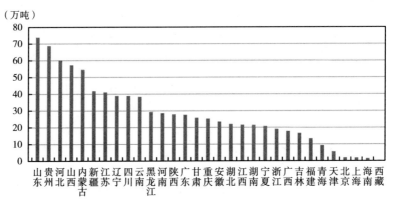

（万吨）

图3.2　2017年各地区工业SO_2排放量

资料来源：《中国统计年鉴（2018）》。

---

① 山东省政府网站。

② 《2015年山东省国民经济和社会发展统计公报》。

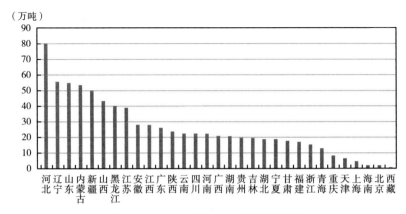

图3.3 2017年各地区工业烟尘排放量

资料来源：《中国统计年鉴（2018）》。

（三）各地区工业固体废弃物比较

图3.4表示2017年各地区工业固体废弃物排放量，可以看出，山西、河北、内蒙古、辽宁、山东、河南、四川等省份的工业固体废弃物排放量较大。而服务业较为发达的省份如海南、北京、天津、上海等的工业固体废弃物的排放量很小。工业固体废弃物污染强度具有与工业废气类似的特征。

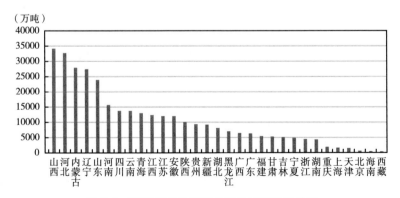

图3.4 2017年各地区工业固体废弃物排放量

资料来源：《中国统计年鉴（2018）》。

一般来讲，黑色金属冶炼及压延业、有色金属冶炼及压延业和石油加工及炼焦业等行业产生的固体废弃物很多，这与山西、河北、辽宁、山东等地拥有丰富的矿产资源是一致的。河北已查明储量的就达53 种，包括黑色金属、有色金属、冶金辅助原料、化工原料、建材原料，以及其他非金属、稀有金属和贵金属等。铁矿储量丰富，已查明有 70 多亿吨。辽宁省矿产资源富饶，全省矿种比较齐全，储量占全国第一位的有铁矿石，储量达 100 多亿吨，目前仍是全国最大的探明矿区之一。菱镁矿占全国总储量的 80%；海城滑石矿的蕴藏量有4000 万吨，可采 300 年。山西是中国的重要能源基地。煤炭储量大，分布广，品种全，质量优。全省含煤面积 662824 平方公里，占全省总面积的 40%，煤炭预测储量 9000 多亿吨，探明储量 2608 亿吨，其中炼焦煤 1506 亿吨，占 57.7%；无烟煤 507 亿吨，占 19.4%；动力煤 549 亿吨，占 21.1%；其他 46 亿吨，占 1.8%。山西矿产资源种类繁多，分布广，发现矿产 105 种，已利用的矿产 67 种，储量居全国第一位的矿产有煤、铝、耐火黏土、镓矿、铁钒土、沸石、建筑石料用灰岩 7 种，居全国前 10 位的矿产有 34 种[①]。

第四节　中国环境规制发展现状

一、中国环境规制政策

随着环境污染的加重和资源的紧张，国家对环境保护工作越来

---

① 《中国能源统计年鉴》、各省统计年鉴及相关部门发布的统计公报。

越重视，不断加强环保督察和环境规制力度。2015 年 7 月，中央全面深化改革领导小组第十四次会议审议通过《环境保护督察方案（试行）》，明确建立环保督察机制，要求全面落实党委、政府环境保护"党政同责""一岗双责"的主体责任，从原来以查企业为主转变为"查督并举，以督政为主"，这是中国环境监管模式的重大变革，是党中央、国务院推进生态文明建设和环境保护工作的一项重大制度安排和重要创新举措。据中国环境保护部统计，2016 年中央环境保护督察对全国 16 个省（区、市）进行了实地调查，共受理群众举报 3.3 万余件，立案处罚 8500 余件、罚款 4.4 亿多元，立案侦查 800 余件、拘留 720 人，约谈 6307 人，问责 6454 人。与此同时，各地区增加污染治理投资，表 3.12 是 2017 年中国各省份环境污染治理投资占 GDP 的比重，可以看出，经济较为发达的东部地区，环境污染治理投资占 GDP 的比重是最小的，2017 年平均值为 1.03%，而西部作为经济最不发达地区，环境污染治理投资占 GDP 的比重却是最大的，同期平均值为 1.68%。这说明，污染治理投资并非随着经济发展水平的提高而增加，当经济发展水平较低时，人们片面追求经济增长速度，不重视对环境的保护，环境污染较为严重，与此对应的是污染治理费用较高，污染治理投资占 GDP 比重增加，但是当经济发展到一定阶段，人们生活水平有了很大提高，环境作为一种奢侈品受到人们的喜爱，人们会选用更为环保的生产技术并重视对环境的保护，污染排放减少，因此用于污染治理的投入减少。用图形表示，环境污染治理投资占 GDP 的比重也会随着经济的发展呈"先增加后减少"的倒U 形曲线。

表 3.12　　　　2017 年中国各省份环境污染治理投资占 GDP 比重　　　单位:%

省份		比重
东部地区	北京	2.38
	天津	0.38
	河北	1.68
	上海	0.53
	江苏	0.83
	浙江	0.87
	福建	0.69
	山东	1.31
	广东	0.41
	海南	1.21
	均值	1.03
中部地区	山西	1.86
	安徽	1.84
	江西	1.52
	河南	1.43
	湖北	1.19
	湖南	0.63
	均值	1.41
西部地区	内蒙古	2.61
	广西	0.90
	重庆	1.14
	四川	0.83
	贵州	1.60
	云南	0.86
	西藏	2.07
	陕西	1.44
	甘肃	1.16
	青海	1.55
	宁夏	2.44
	新疆	3.53
	均值	1.68

资料来源:《中国环境统计年鉴 (2018)》。

二、环境规制对中国经济的短期冲击

(一) 环境规制在短期导致原材料价格上涨

供给侧结构改革要求从供给端入手，清理僵尸企业，淘汰落后产能，优化资源配置，实现经济长期可持续发展。为此，环保政策密集出台，环保规制力度不断加强。以京津冀及周边城市大气污染为例，环保部、发改委、工信部等多部委联合出台《京津冀及周边地区2017～2018 年秋冬季大气污染综合治理攻坚行动方案》，多行业要求全面限产，方案如表 3.13 所示。可以看出，短期内对于污染行业的限产、停产措施力度很大，如果环保督查到位，可以预测，这些行业产品的供给将显著下降，在下游企业需求旺盛的环境下，原材料价格会有一个较大幅度的上涨。据国家统计局数据显示，2017 年 9 月反映原材料价格上涨的企业比重超过四成，主要原材料购进价格指数升至68.4%，其中，造纸印刷业、木材加工及家具制造业、化学原料及化学制品制造业等行业主要原材料购进价格指数位于 75.0% 以上的高位区间。

表 3.13 各企业采暖季限产停产方案

行业	范围	方案
钢铁	石家庄、唐山、邯郸、安阳等重点城市	限产 50%
铸造		错峰生产
建材	水泥（含特种水泥，不含粉磨站）、砖瓦窑（不含以天然气为燃料）、陶瓷（不含以天然气为燃料）、玻璃棉（不含以天然气为燃料）、岩棉（不含电炉）、石膏板	全部停产
电解铝		限产 30%
氧化铝		限产 30%

续表

行业	范围	方案
碳素	达不到特别排放限值的	全部停产
	达到特别排放限值的	限产50%
有色再生	熔铸工序	限产50%
医药	涉VOCs*排放工序	停产
农药	涉VOCs排放工序	停产

注：VOCs*表示挥发性有机物。

资料来源：根据《京津冀及周边地区2017~2018年秋冬季大气污染综合治理攻坚行动方案》整理。

（二）环境规制导致所涉企业利润下降，工厂倒闭、产业链断裂

受环境规制政策的影响，大量产业链上游企业尤其是中小企业限产、停产，这些企业大多是高污染、高能耗企业，随着国家对环境保护工作的重视，原材料价格上涨，这些中小企业利润空间有限，很难筹集资金改造自己工厂的生产线，添加环保设备，只能面临倒闭或被大企业兼并重组。原材料价格的上涨，也波及产业链下游企业。受影响较大的多是没有定价权、附加值较低的中小企业，这些企业定价普遍偏低，依靠低廉价格抢占产品低端市场，原材料成本占其产品成本比重很大，原本利润微薄，如果再上处理设施，做到污染达标排放，则又会极大地增加企业成本，在当前需求的边际变化远远不及供给变化的背景下，这些成本大部分只能依靠下游企业自己消化吸收，并不能完全传导到消费端，产品在价格上没有竞争优势，企业利润下降甚至倒闭。由此导致的产业链断裂和工人失业，影响了实体企业的生产，进而影响了经济增长和社会稳定。

（三）环境规制容易导致中国资本"脱实向虚"，形成资产泡沫

环境规制使实体企业生产成本增加，利润微薄，许多实体中小企

业不堪重负，纷纷关闭厂房设备，将资金投向资产市场。近几年房地产市场价格始终高居不下，有很大一部分并不是需求拉动，而是闲置资金推动的，国内许多城市的房地产是投资需求，由于长期无人居住，变成空置房，形成房地产泡沫。还有一部分资金流向股票市场，中国股市整体估值水平比较高，很多并不是由于公司业绩的增长，而是炒作的结果，这些被炒高的股票，无法根据经济增长得到一个可靠的估值，也存在一定程度的泡沫。一方面，当虚拟经济的发展超过实体经济时，货币幻觉使人们对经济基本面上的繁荣有着良好的预期，将闲置资金甚至节约消费的资金投入到虚拟经济当中，泡沫越吹越大，当泡沫破灭之时也是危机爆发之日；另一方面，资金投入虚拟经济，使得企业对融资有着强烈的需求却不能得到满足，从而限制了企业的升级改造，不利于实体经济的发展。

三、环境规制对中国经济的长期影响

（一）环境规制是淘汰落后产能、促进产业升级的有力推手

环境资源是经济发展的核心要素，环保工作就是维护经济发展的核心资源。长期以来，中国经济快速增长都是以高耗能和高排放为代价的，这种粗放式增长不仅导致能源价格大幅提高和环境质量的急剧恶化，更为重要的是，由于环境标准的宽松，使得众多企业不思进取，缺乏创新，结果造成低端产品充斥市场。实施严格的环保督查制度，使得企业污染的外部成本内部化，一批高污染、工艺落后、产能过剩的企业由于不能承担环境成本而被市场淘汰，还有一些处于价值链低端的企业为满足节能减排标准，转变观念，变被动为主动，加大科研投入和人力资本的积累，使企业向技术密集型和环境友好

型方向发展，进而促进产业升级，而那些原本技术工艺先进、环保设施完善的企业得以保留和发展。

（二）环境规制有利于企业开展技术创新，提高能源利用效率

中国在《巴黎协定》中做出承诺，5年内中国单位国内生产总值用水量、能耗、二氧化碳排放量将分别下降23%、15%、18%，为实现这些承诺，环境规制会逐渐常态化，对于企业，不可再心存侥幸，蒙混过关，必须要积极履行环保责任，运用新型的环境技术，促进清洁能源的开发与利用，提高中国传统能源的利用效率。好的节能减排技术不仅帮助企业应对环境规制，还能给企业带来经济效益。北京神雾环境能源科技集团股份有限公司是一家针对全球化石能源节能环保与大气雾霾治理技术解决方案的提供商，通过多年的研发投入，公司取得了26种节能低碳工艺技术及装备上的重大突破，为广大高耗能制造业实体经济持续提供节能减排环保技术，帮助企业实现了从源头上大幅度提高能源利用效率、减少或消除大气污染物排放、降低原材料成本及产品生产成本①。该集团还在"一带一路"沿线开展了大量的合作项目，借力"一带一路"向沿线国家实现技术输出，提升了中国在国际能效领域的影响力和话语权。

（三）有利于化解供给侧与需求端的矛盾，优化资源配置

随着社会对环境保护要求的提升，消费者需求结构加快升级并向高端化、环保化主导的需求结构转换，中国经济原有的供给结构越来越不能满足高端生产需求，传统产品过剩，中高端产品发展乏力，有些产品缺乏技术支撑和标准引领，供给侧与需求端的矛盾突出。如

---

① 神雾科技集团股份有限公司网站：http：//www.shenwu.com.cn。

果再继续沿用原有的生产技术、原有设备生产，会使供需矛盾继续扩大，据国家统计局数据显示，目前环保投资增速很快，但尚有近70%环保领域治理需求未得到满足。其中土壤污染修复投资需求最大，约为 10 万亿元；水污染处理投资需求约为 2 万亿元；大气污染治理投资需求约为 1.7 万亿元。此外，海绵城市建设投资需求可达 3 万亿元，地下管廊建设为 0.9 万亿元，黑臭水体处理为 0.7 万亿元，乡镇污水处理为 0.2 万亿元。环境规制不仅直接催生了企业治污需求，也间接刺激了环保产业发展，增加中高端产品的供给。环境规制一定程度上矫正了供需结构错配，通过价格机制引导资源最优配置，提高供给结构对需求结构的适应性，实现供求关系新的动态均衡。

（四）环境规制有利于社会物质总财富的增加

环境规制短期内可能会影响到部分企业的发展，但如果从全社会长期发展的视角就会发现，经济发展不等于某个企业或者行业利润的增加，而是整个社会物质财富的增加。有的企业在投资时，只考虑投资成本和生产成本，而忽视了环保成本，将环境污染外生化，少投入甚至不投入资金进行污染治理，只考虑企业利润最大化，而忽视了社会收益最大化。对于企业，节约了成本，提高了利润，对于社会，企业排放的污染需要更多的资金投入进行治理，对于公众则失去了美好家园，损害了健康，所以对于社会和公众都是不利的。从长期来看，环境规制使企业意识到污染带来的后果，使得企业在建立之初，就将环境成本列入预算，增加污染治理的资金投入，引进先进环保设备和技术，以社会收益最大化作为企业目标，牢固树立绿色发展理念，实现企业和社会的良性和谐发展。因此，着眼于全局，以科学的、可持续的发展观来做判断，环境规制不仅不会影响经济发展，反而还淘汰了落后产能，调整了产业结构，提高了发展质量和效益，实现了社会物质总财富的增加。

（五）环境规制有利于建立良好的市场竞争秩序

环保执法宽松的环境容易滋生腐败细菌，许多地方在促进经济增长的过程中，企业与政府勾结，在政府羽翼庇护下将环保硬约束变成了投资软环境的一部分，利用公众损益与环保利益难以量化计数的特点，将公众利益、社会利益让与投资者，使这部分投资者减少了生产投入成本，提高了利润率，而真正有实力的环保产业和真正投入资金用于技术改造的企业却失去竞争力，以至于产生"劣币驱逐良币"效应，既破坏了自然环境，也破坏了社会公平，对行业健康发展造成了恶劣影响。通过环境规制，非法产能和落后产能被淘汰，部分企业积极进行整改，先进企业严格执行环保标准，为经济转型升级提供了公平竞争的市场环境。

四、当前加强环境规制的合理建议

当前是中国经济由价值链中低端向中高端发展的关键时期，是实施"超越引领、创新提升"战略，向世界领先挑战，实现"中国制造"和"中国创造"并举发展的重要时期，也是中国经济转型发展、结构调整的重要时期。环境规制的实施，在给中国经济带来短期冲击的同时，也有利于中国经济的长期发展，在实施过程中，真正做到最大程度减少对经济的负面冲击，发挥其对经济的正面影响，需要政府、企业和全社会成员的共同努力。

（一）改变"一刀切"的做法，实行差别化限产

地方政府应深入企业进行调查研究，或者按企业环保绩效水平

和能耗、水耗、质量、安全、技术等指标加权打分，根据企业具体情况制定具体政策，不能简单粗暴地将上级环保部门下达给它们的指标"一刀切"分配，否则会严重挫伤企业环保积极性，特别是环保治理好的企业。环保部门在环保标准制定和错峰限产停产节奏的掌握上要考虑连续性和前瞻性，避免频繁限产停产打乱企业生产平衡，引发安全事故，增加企业生产成本。

（二）建立督导常态化机制

环境规制应该走向常态化和制度化，完善奖惩机制，明确责任主体。既要反对疏于管理纵容污染的不作为，又要反对平时不作为、督查前粗暴处理的滥作为。部分相当规模的企业在督察组在时守规停产，督察组一走就开始违规生产，这都是地方政府平时包庇纵容的结果。这种形式主义的做法，其实是对环境规制工作的敷衍，不仅影响企业的正常生产和群众的正常生活，而且还会令环境规制的实效性大打折扣。唯有建立督导常态化机制，实行严格的追究责任，才能改变地方政府官员和企业根深蒂固的执政理念和违法企业心存侥幸的临时做法，才能将环保治理措施落到实处。

（三）运用市场化手段，将资源环境成本内部化

环境规制的根本目的是希望通过提高污染成本，促进产业升级。但如果缺乏市场化手段内生环境成本，产业升级的初衷就很难达到。制定完善的环境经济政策，建立充分反映市场供求、资源稀缺程度以及环境损害成本的价格形成机制，发挥市场配置资源环境要素的基础性作用，才能将资源环境成本真正内部化。为此，积极推进资源税改革，对资源消耗高、污染严重的企业增加税收成本，对节约资源、利于环保的企业给予税收优惠，有奖有罚，才能激发环保企业的创新

积极性。除此之外还可以通过设立环保基金、对资源消耗型企业征收生态补偿保证金、取消不符合环保要求的出口退税政策，调整消费税等财政和税收体制的改革强化市场手段，弱化以专项资金管理为代表的行政手段管理色彩，将资源环境成本内部化，为经济发展提供一个良好的公平竞争的市场环境，促进产业升级。

（四）加快发展绿色金融，为绿色产业提供支持

近几年，受国内生产要素成本日益上涨和国外经济不景气的影响，中国经济下行压力较大，资金"脱实向虚"现象严重，日益严格的环境规制使得这一问题越发突出。而稳增长是当前中国经济发展重中之重，因此，要引导金融机构加大对绿色产业的支持，降低绿色产业融资成本，增强绿色产业活力和竞争力。一方面要实行稳健的货币政策，调节好货币供应量，既要保持流动性基本稳定，又要避免杠杆率过快上升；另一方面要强化金融对绿色经济的支持力度，加大对社会民生和生态环境建设的投入，增加经济的收益率，改变人们中期悲观预期，实现资金的回流。

（五）将环境污染纳入地方政府官员政绩考核体系

随着中国对环保工作的重视，除了各个地方的环保部门之外，中国又设立了华东、华南、西北、西南、东北五大区域环保督查中心，作为环保总局派出的执法监督机构。这些"超省级"环保督查机构设立后，形成了区域环保督查机构、地方政府、当地环保部门三位一体督查体系。区域环保督查机构的设立主要是为了消除地方保护的不利影响，没有区域环保督查机构，地方环保部门容易受当地政府的影响，以发展工业经济为第一己任，视环保于不顾，导致生态环境不断恶化，重大污染事件频频发生。但环保督查机构人员有限，对各个

地方企业不甚了解，所以最终还是要靠地方环保部门提供信息，而环保部门能否及时提供正确信息，还是要依赖于地方政府，故环保督查工作的成效，最终还是取决于地方政府对环保工作的重视程度。因此，只有将环境污染纳入地方政府官员政绩考核体系，才是治污之本。

第四章 对外贸易与环境污染

——基于中国各省份面板数据的研究

第一节 引 言

中国对外贸易的发展使中国经济获得了快速发展,但与此同时,我们也应该看到,长期以来,为了追求贸易利益,中国对外贸易实行的是以资源环境密集型产品出口为导向的、以量取胜的粗放型增长模式,这种粗放型增长模式使得中国面临的环境污染问题也日益突出。对此我们不仅提出:贸易自由化到底给中国带来了利益,还是把中国引入贫困化增长的陷阱?对外贸易与环境污染快速恶化有何内在关联?有没有一种既能产生良好的贸易利益,又能降低中国资源环境代价的贸易发展模式?显然上述问题的回答,对于中国贸易政策、产业政策与环保政策的制定具有重要的现实指导意义。

自20世纪90年代以来,国际贸易与环境问题日益成为国际贸易理论研究领域的热点。许多经济学家将环境要素融入国际贸易理论之中,建立不同模型,从各个角度对贸易与环境之间的关系进行了研究，取得了丰硕的成果。科普兰和泰勒（1994）构建了一个包含多商品、多国家的一般均衡模型——南北贸易模型，分析了南北贸易关系与发展中国家的环境问题。安特卫勒等（2001）、科普兰和泰勒（2004）通过将环境要素引入传统的 H-O 模型理论，构建了由污染控制成本和要素禀赋共同决定贸易模式的理论模型，用严格的数理推导论证了国际贸易对一国环境影响的作用机理。劳舍尔（Rauscher，2005）利用赫克歇尔-俄林的小国开放经济框架分析了贸易引起经济活动结构变化而对环境施加的影响。拉蒙（Ramon，2004）利用资本、劳动和环境要素建立了小国开放经济模型。但是这些研究有一个共同特点就是关于贸易与环境问题的研究多是站在发达国家的立场进行分析，中国作为一个经济迅速发展的发展中国家，尤其是处在国际产业快速转移的经济全球化的时代，中国自身发展有许多不同于发达国家的特点，如果借鉴国外发达国家的模型应用于国内问题的分析中，得出的结论肯定不具有说服力。本章立足于中国当前对外贸易快速发展尤其是存在大量贸易顺差的客观事实，以安特卫勒等（2001）建立的一般均衡理论模型为基础，从消费者效用函数形式出发，对该模型进行了适当修改，分析贸易进出口及贸易顺差在一国环境中所起的作用，以期得出的结论更能反映中国的客观实际情况。

第二节　开放条件下贸易与环境的一般均衡模型

安特卫勒等（2001）建立了一个小国开放经济条件下的一般均衡模型框架来分析贸易等因素是如何影响环境的。本节拟在该模型的基础上，从消费者效用函数出发，引入贸易变量，结合发展中国家尤其是中国大量贸易顺差的现实，进一步分析影响环境的因素并对其作用机制进行分析。

一、模型的基本假设

假设一小国开放经济体系，有两种生产要素，资本（K）和劳动力（L），价格分别为 r 和 w，两种要素的供给都缺乏弹性。生产两种产品 X 和 Y，产品 X 在生产过程中产生污染，而产品 Y 不产生污染。以产品 Y 的价格为标准，即 $p_Y = 1$，产品 X 的国内相对价格为：$p = \dfrac{p_X}{p_Y}$。假设 X 的资本劳动比大于 Y，即 $K_x/L_x > K_y/L_y$，因此，X 是资本密集型商品，Y 是劳动密集型商品。按照科尔（2004）的说法，资本密集型行业为污染行业，劳动密集型行业为清洁行业。为简化起见，不考虑消费过程中产生的污染和跨境污染。

假设两种产品生产过程中规模报酬不变，产品 Y 的生产函数为：

$$y = H(K_y, L_y) \tag{4.1}$$

其中，y 是递增且严格凹函数。

假设 X 产业是污染密集型产业，在生产 X 的过程中会有污染物排放，对环境造成负面影响，污染物用 Z 来表示。污染排放物对环境造成的影响除了与生产函数有关外，还与污染治理程度有关。假设企业的全部生产要素有两部分用途：一部分用于产品 X 的生产，另一部分用于污染治理，假设该部分所占比例为 θ，θ 是污染治理技术

A 的函数,即 $\theta = \theta(A)$,污染治理技术越高,为达到一定污染排放水平所需的污染治理投入要素越少。因为规模报酬不变,投入 X 行业的要素(K_x, L_x)中会有($\theta K_x, \theta L_x$)部分用于污染治理,产品 X 的净产出为:

$$x = (1 - \theta(A)) F(K_x, L_x) \tag{4.2}$$

其中,x 是递增且严格凹函数。该净产出可用于出口和消费。

污染排放量可以表示为:

$$z = \varphi(\theta) F(K_x, L_x) \tag{4.3}$$

其中,$0 \leqslant \theta \leqslant 1$,$\varphi(0) = 1$,$\varphi(1) = 0$,且 $\mathrm{d}\varphi / \mathrm{d}\theta < 0$。

若 $\theta = 0$,则企业用于污染治理的生产要素投入为 0,即全部生产要素用于产品 X 和 Y 的生产。此时 X 的产出为潜在产出:

$$x = F(K_x, L_x) \tag{4.4}$$

$$z = x \tag{4.5}$$

若 $0 < \theta < 1$,说明企业会投入部分生产要素用于污染治理,如果令 $\varphi(\theta) = (1 - \theta)^{1/\alpha}$,则 $z = \varphi(\theta) F(K_x, L_x) = (1 - \theta)^{1/\alpha} F(K_x, L_x)$。

$$x = z^\alpha F(K_x, L_x)^{1-\alpha} \tag{4.6}$$

因此污染排放物 Z 可以等价地看作一种投入要素。

贸易自由化程度意味着贸易摩擦的减少,贸易摩擦我们用"冰山"模型来表示。如果进口商希望从国外进口一单位的 X 产品,那么必须有($1 + \rho$)单位的 X 产品从国外装运至本国(其中 $\rho \geqslant 0$)。其中 ρ 单位的产品(在运输过程中被"融化了")可以看成是单位 X 产品的贸易成本(运输成本、通信成本及政府税费等成本)。在这一模型中，贸易消耗了真正的资源，因而是国际贸易内在的一种真实的"摩擦"。

假设本国进口污染密集型产品 X，从国外以价格 p^w 进口一单位 X 产品，在国内以 p 的价格销售，由于存在贸易成本，所以有：

$$p = p^w(1 + \rho) \qquad (4.7)$$

本国是污染密集型产品 X 的出口国，国外进口商进口一单位产品以世界市场价格 p^w 出售，则需要在国内以 p 的价格购买 $(1 + \rho)$ 单位的产品，即 $p(1 + \rho) = p^w$，贸易自由化意味着 ρ 值减小，污染密集型产品 X 的价格 p 上升。

二、生产者行为

假设政府为企业每单位污染排放征收的税为 τ，即污染排放的价格为 τ，企业追求利润最大化，x 产业的利润为生产 x 的收入减去所有劳动力的工资、所有资本利息以及污染排放税收后的差额：

$$\pi_x = px - \omega l - rk - \tau z = pz^\alpha F(K_x, L_x)^{1-\alpha} - \omega l - rk - \tau z \qquad (4.8)$$

其中，ω 和 r 分别代表单位劳动力工资和资本利率。

对污染物 z 求一阶偏导，并令一阶偏导为零，则有：

$$\frac{\partial \pi_x}{\partial z} = p\alpha z^{\alpha-1} F(K_x, L_x)^{1-\alpha} - \tau = 0 \qquad (4.9)$$

单位净产出的污染排放用 e 来表示，即 $e = \frac{z}{x}$，结合式 (4.6) 和式 (4.9)，可以得出：

$$e = z/x = \alpha p/\tau \qquad (4.10)$$

根据 $x = z^\alpha F (K_x, L_x)^{1-\alpha} = (ex)^\alpha F (K_x, L_x)^{1-\alpha}$，可以推出 $x = e^{\frac{\alpha}{1-\alpha}} F (K_x, L_x)^{1-\alpha}$，同时 $x = (1-\theta) F (K_x, L_x)$，所以 $e^{\frac{\alpha}{1-\alpha}} = (1-\theta)$，即 $e = (1-\theta)^{\frac{1-\alpha}{\alpha}}$，由 $e = z/x = \alpha p/\tau$，可以推出影响投入到污染治理的要素资源比重的因素：

$$\theta = 1 - (\alpha p/\tau)^{\alpha/1-\alpha} \qquad (4.11)$$

完全竞争市场条件下，市场均衡时 X 和 Y 企业都获得零利润，这意味着单位成本与生产者价格相等。

将 $z/x = \alpha p/\tau$ 代入式 (4.8)，有：

$$\begin{aligned} \pi_x &= px - \tau z - \omega l - rk = px - \tau ex - \omega l - rk = p(1-\alpha)x - \omega l - rk \\ &= p(1-\alpha)(1-\theta) F (K_x, L_x) - \omega l - rk \end{aligned} \qquad (4.12)$$

企业生产一单位潜在产出 F 所获得的收入为生产者的价格，生产者的价格必定小于产品价格 p，因为企业的产出中 θ 部分用于污染治理，仅有 $(1-\theta)$ 部分能够用于出售，而且由于污染税的存在，企业所能保留的仅仅是可供出售部分的 $(1-\alpha)$。因此，X 产品生产者的价格为：

$$p^x = p(1-\alpha)(1-\theta) \qquad (4.13)$$

企业追求利润最大化条件下，在小型竞争性开放市场中，两部门企业利润为零，因此单位成本与生产者价格相等：

$$c^x (w, r) = p^x \qquad (4.14)$$

Y 产业是清洁产业，且以 Y 部门生产者的价格为标准，所以市场均衡时 Y 产业单位生产成本，即生产者的价格为：

$$c^Y(w,r) = p^y = 1 \qquad (4.15)$$

根据谢菲德引理（Shephard's Lemma），由单位成本函数可以推出生产单位产品每种要素的需求量，以 X 产业为例：

$$c_w^x = \frac{\partial c^x(w,r)}{\partial w} \qquad (4.16)$$

$$c_r^x = \frac{\partial c^x(w,r)}{\partial r} \qquad (4.17)$$

所以 X 行业对劳动力和资本的总需求分别为 $c_w^x x$ 和 $c_r^x x$，Y 行业对劳动力和资本的总需求分别为 $c_w^y y$ 和 $c_r^y y$。

完全竞争市场条件下，市场均衡时实现充分就业，而充分就业的条件要求每个要素的需求等于供给，劳动力和资本的供给是外生给定的，分别为 L 和 K，因此充分就业的条件为：

$$c_w^x x + c_w^y y = L \qquad (4.18)$$

$$c_r^x x + c_r^y y = K \qquad (4.19)$$

结合 $x = (1-\theta)F(K_x, L_x)$，$\theta = 1 - (\alpha p / \tau)^{\alpha / 1 - \alpha}$ 和式（4.13），可以推出净产出 x 和 y 分别是 x 的相对价格 p、污染治理投入 θ、污染税 τ、资本 K 和劳动力 L 的函数，表示如下：

$$x = x(p, \theta, \tau, K, L) \qquad (4.20)$$

$$y = y(p, \theta, \tau, K, L) \qquad (4.21)$$

三、消费者行为

假设经济体系中有 N 个完全同质的消费者，为简便起见，将 N

看作一个整体，令 $N=1$。它们的效用不仅与消费的商品有关，而且还与环境质量有关。环境质量可以看作一种正常品，环境污染有害于消费者，消费者所感受到的污染水平完全相同。假设消费者消费商品的偏好是位次同次的，而且效用函数中消费者环境质量具有强可分离性。

设消费者的效用与对 x 产品和 y 产品的消费量呈正比，与污染排放呈反比，消费者的效用函数形式为：

$$U = C_x^\beta C_y^{1-\beta} - \gamma Z \tag{4.22}$$

其中，C_x、C_y 分别表示对 x 和 y 的消费量，Z 表示污染排放量。

消费者偏好具有位次同次性的假设可以保证我们较为方便地写出间接效用函数，即用实际收入水平表示的效应函数，有利于进一步地分析。同时也能确保消费者对消费的相对需求不受收入水平的影响。强分离性假设意味着 X 产品和 Y 产品的边际替代率不受环境质量的影响，同时也不需要考虑产品价格的变动对环境质量需求的影响。

开放经济条件下，假设一国是污染密集型产品（X）的出口国，清洁产品（Y）的进口国，$C_x = x - t_x$ 和 $C_y = y + t_y$，其中 x、y 分别是产出量，t_x、t_y 分别是 x 和 y 的贸易量。代入效用函数（4.22），有：

$$U = (x - t_x)^\beta (y + t_y)^{1-\beta} - \gamma Z \tag{4.23}$$

x，y 的价格比为 p，根据式 $\dfrac{U_x}{p} = U_y$，$\alpha(x - t_x)^{\beta-1}(y + t_y)^{1-\beta} - \lambda p = 0$ 和 $(1-\alpha)(x - t_x)^\beta (y + t_y)^{-\beta} - \lambda = 0$，可以求出：

$$y = \frac{1-\beta}{\beta} p(x - t_x) - t_y \tag{4.24}$$

将式（4.24）代入 $I = px + y$（I 代表国民收入），可以得到：

$$x = \frac{\beta I + p(1-\beta)t_x + \beta t_y}{p} \tag{4.25}$$

$$y = (1-\beta)I - p(1-\beta)t_x - \beta t_y \tag{4.26}$$

$$C_x = x - t_x = \frac{\beta}{p}[I - (pt_x - t_y)] = \frac{\beta}{p}(I - nx) \tag{4.27}$$

其中，nx 代表净出口。

$$C_y = y + t_y = (1-\beta)[I - (pt_x - t_y)] = (1-\beta)(I - nx) \tag{4.28}$$

其中，pt_x 代表该国的出口量，t_y 代表该国的进口量，nx 代表该国的净出口，即贸易顺差值。

所以间接效用函数为：

$$V = \left[\frac{\beta}{p}(I - nx)\right]^{\beta}[(1-\beta)(I - nx)]^{1-\beta} - \gamma Z \tag{4.29}$$

四、政府行为

假设政府会选择一个代表性的消费者效用最大化的污染排放水平获得最优的污染排放政策。据此，可以设定模型如下：

$$\max_{z}\{V(p, I, nx, z), s.t. I = rK + wL + \tau Z\} \tag{4.30}$$

构建拉格朗日函数：

$$H(I, p, Z) = \left[\frac{\beta}{p}(I - nx)\right]^{\beta}[(1-\beta)(I - nx)]^{1-\beta} - \gamma Z + \xi(I - rK - wL - \tau Z)$$

$$\tag{4.31}$$

$$\frac{\partial H}{\partial Z} = -\gamma - \xi\tau = 0 \qquad (4.32)$$

$$\frac{\partial H}{\partial I} = \left(\frac{\beta}{p}\right)^{\beta} (1-\alpha)^{1-\beta} \beta (I-nx)^{\beta-1} (1-\beta)(I-nx)^{-\beta} + \xi = 0$$
$$\qquad (4.33)$$

由式（4.32）和式（4.33）可得：

$$\tau = \frac{-\gamma}{-\left(\frac{\beta}{p}\right)^{\beta} (1-\beta)^{1-\beta} \beta (I-nx)^{\beta-1} (1-\beta)(I-nx)^{-\beta}}$$

$$= \frac{\gamma p^{\beta}(I-nx)}{\beta^{\beta+1}(1-\beta)^{2-\beta}} = ap^{\beta}(I-nx) \qquad (4.34)$$

其中，$a = \dfrac{\gamma}{\beta^{\beta+1}(1-\beta)^{2-\beta}}$。

令 $MD = -V_z/V_I$，MD 称为边际损害，它等于污染排放与收入之间的边际替代率，表示消费者为减少单位污染排放而减少收入的意愿。

由式（4.29）可得：

$$MD = -\frac{V_Z}{V_I} = \frac{-\gamma}{-\left(\frac{\beta}{p}\right)^{\beta} (1-\beta)^{1-\beta} \beta (I-nx)^{\beta-1} (1-\beta)(I-nx)^{-\beta}}$$

$$= ap^{\beta}(I-nx) \qquad (4.35)$$

环境质量是一种纯粹的公共品，根据萨缪尔森（Samuelson）的公共品供给准则：政府所选择的污染水平应该使得企业所面临的污染排放价格正好等于消费者的边际损害。也就是说，政府所制定的有效的环境政策就是环境污染的外部性内在化，确保企业所面临的污染排放税正好等于污染边际损害。由此可以得出：

$$\tau = MD = ap^{\beta}(I - nx) \qquad (4.36)$$

五、污染排放水平的影响因素

按照格罗斯曼和克鲁格（1991）的思路，污染排放水平可以表示为：

$$z = ex = e\varphi S \qquad (4.37)$$

其中，z 表示总污染排放量，e 是产品 x 的污染密集度，表示单位产出的污染排放量，φ 是产品 x 在整个经济体系中所占的比重，S 表示经济规模。

根据 $x = x(p,\theta(A),\tau,K,L)$ 和 $y = y(p,\theta(A),\tau,K,L)$，可以推出：

$$\varphi = \frac{x}{x+y} = \frac{x/y}{x/y+1} = \varphi(p,\theta(A),\tau,k) \qquad (4.38)$$

其中，$k = \dfrac{K}{L}$。

又因为 $e = \dfrac{\alpha p}{\tau}$，$\tau = MD = ap^{\beta}(I - nx)$ 以及 $p = p^{w}(1+\rho)$，所以：

$$z = ex = e\varphi S = e(p(p^{w}),\tau)\varphi(p,\theta(A),\tau,k)S \qquad (4.39)$$

据此，可以看出一国污染排放水平是以下变量的函数：

$$z = z(p^{w},\rho,A,(I - nx),k,S) \qquad (4.40)$$

第三节 中国对外贸易与环境关系的实证检验

一、计量模型的构建与变量设定

根据理论模型的分析，结合中国实际，得出影响中国污染排放的变量有各省份的人均生产总值、贸易顺差、人均资本、技术水平等变量，据此建立如下计量模型：

$$Z_{it} = \alpha_0 + \alpha_1 gdp_{it} + \alpha_2 gdp_{it}^2 + \alpha_3 kl_{it} + \alpha_4 sur_{it} + \alpha_5 tec_{it} + \varepsilon_{it} \quad (4.41)$$

其中，Z 代表污染排放。gdp 代表各省份人均生产总值。kl 表示资本劳动比，是结构变量，用以反映中国产品结构的变化给中国环境带来的效应。sur 表示贸易顺差，用以反映中国持续多年的贸易顺差对中国污染排放水平带来的变化。tec 表示技术水平，反映了技术变化对污染排放的影响。i 表示中国各个省份，t 表示时间，采用 1992 ~ 2017 年的数据。ε 表示误差项。

二、变量与数据说明

环境污染可以采用污染排放物强度和污染物排放量两种变量来度量，考虑到数据的可获得性，采用污染物排放量的大小作为衡量指标。式（4.41）中反映环境污染的变量有工业废水排放量、工业二氧化硫排放量和工业固体废弃物产生量（因工业固体废弃物排放量数据不全）。gdp 代表各省份人均生产总值，反映收入的变化给环境带来的影响，与总量 *gdp* 相比，人均 *gdp* 更能反映真实经济发展水平变化对环境污染的影响。加入 *gdp* 的平方项目的在于验证库兹涅茨曲线在中国是否成立，以及拐点是否存在。*sur* 表示贸易顺差，用各省份出口额与进口额的比重表示，如果该值大于 1，表示出口大于进口，一国呈贸易顺差。如果该值小于 1，表示出口小于进口，一国呈贸易逆差。*kl* 表示资本劳动比，反映了人均资本的变化。其中物质资本由公式 $K_{it+1} = K_{it}(1-\delta) + I_{it+1}/p_{it+1}$ 求出。*I* 为新增投资，用各省份的固定资产投资额来表示，*P* 为固定资产价格指数，初始投资额采用单豪杰（2008）计算出的值，以 1991 年为基期，资本折旧率采用国内常用的值 10.96%。劳动用各省份的就业人数来表示。数据来源于历年《中国统计年鉴》和各省份统计年鉴。*tec* 为技术水平，用普通本专科在校学生数来表示，反映了技术的变化对环境的影响。另外，只有国民素质提高，在收入增长的情况下，才能对环境引起足够的重视，自觉地保护环境。因此，技术水平高时，一国会专注于清洁产品的生产，反之，会在污染密集型产品的生产上具有优势，从而加大环境污染。进出口额用每年的平均汇率折算成人民币。采用 1992 ~ 2017 年中国 29 个省份数据，重庆在 1997 年并入四川，为保证数据的一致性，将 1997 年后重庆的数据并入四川，西藏的数据不全因此没有包含西藏自治区。根据国家统计局划分标准，29 个省份分为东中西部。东部地区包括北京、天津、河北、辽宁、上海、江苏、浙江、福建、山东、广东、海南 11 个省份；中部地区包括山西、吉林、黑龙江、安徽、江西、河南、湖北、湖南 8 个省份；西部地区包括四川、贵州、云南、陕西、甘肃、青海、宁夏、新疆、广西、内蒙古 10 个省份。

数据来源于历年《中国统计年鉴》《中国劳动统计年鉴》《中国六十年统计资料汇编》，以及各省份统计年鉴。

三、模型检验与结果分析

（一）模型检验

采用 1992～2017 年中国的 29 个省份数据，分别对式（4.41）三类污染指标（工业废水排放量、工业二氧化硫排放量、工业固体废弃物产生量）与相关变量的关系进行回归检验。为了考查不同变量对污染排放的影响，将式（4.41）分成四个步骤采取逐一添加变量的形式对模型进行估计，分别命名为模型（1）、模型（2）、模型（3）和模型（4）。利用豪斯曼检验确定各变量适合采用固定效应模型。得出的回归方程 α_2 如果小于 0，说明中国的环境与经济发展存在着倒 U 形曲线的发展态势，此外，根据回归方程的结果我们也可以计算出环境库兹涅茨倒 U 形曲线的转折点（$-\alpha_1/2\alpha_2$）。

（二）面板回归结果

表 4.1、表 4.2、表 4.3 分别是工业废水、工业二氧化硫、工业固体废弃物的面板回归结果。

表 4.1　　　　　　工业废水的回归结果　　　（样本数：867）

变量	模型（1）	模型（2）	模型（3）	模型（4）
C	74236.52 *** (33.71)	68523.4 *** (5.56)	61458.62 *** (5.78)	67923.15 *** (21.00)
gdp	21632.58 *** (6.95)	17578.6 *** (7.30)	31587.53 *** (8.18)	19385.52 *** (2.89)
gdp^2	−1756.53 *** (−5.94)	−1892.53 *** (−6.26)	−3544.86 *** (−7.54)	−1752.52 *** (−3.10)
sur		3353.8 ** (1.95)	1883.65 * (1.74)	1827.58 * (1.68)

续表

变量	模型（1）	模型（2）	模型（3）	模型（4）
kl			-0.58 *** (-6.45)	-0.73 *** (-7.56)
tec				-0.05 (1.20)
Adj-R^2	0.786	0.782	0.857	0.861
曲线形状	倒 U 形	倒 U 形	倒 U 形	倒 U 形
转折点 万元	6.15	4.64	4.45	5.53
转折点 美元	9097	6859	6581	8180

注：括号里的数字是 t 值；*** 、** 、* 分别代表在 1%、5% 和 10% 的水平上显著。

表 4.2 工业二氧化硫的回归结果 （样本数：867）

变量	模型（1）	模型（2）	模型（3）	模型（4）
C	36.20 *** (40.36)	45.28 *** (8.65)	42.37 *** (7.58)	37.59 *** (2.40)
gdp	20.58 *** (12.20)	21.67 *** (14.56)	21.86 *** (5.68)	15.28 *** (5.36)
gdp^2	-2.36 *** (-9.58)	-2.27 *** (-9.37)	-2.56 *** (-10.25)	-2.10 *** (-8.64)
sur		2.50 * (1.79)	1.48 * (1.80)	1.70 * (1.70)
kl			0.00001 (0.13)	0.0002 ** (2.04)
tec				-0.00002 (0.93)
Adj-R^2	0.900	0.900	0.901	0.907
曲线形状	倒 U 形	倒 U 形	倒 U 形	倒 U 形
转折点 万元	4.36	4.77	4.27	3.64
转折点 美元	6440	7050	6303	5373

注：括号里的数字是 t 值；*** 、** 、* 分别代表在 1%、5% 和 10% 的水平上显著。

表 4.3		工业固体废弃物的回归结果		（样本数：867）
变量	模型（1）	模型（2）	模型（3）	模型（4）
C	204.56*** (5.67)	802.56*** (6.59)	856.47*** (5.47)	1286.75*** (8.47)
gdp	3669.87*** (22.88)	3596.74*** (22.03)	3108.57*** (10.77)	587.83*** (5.63)
gdp^2	−357.69*** (−13.59)	−376.21*** (−12.74)	−364.78*** (−11.53)	−159.78*** (−6.72)
sur		205.32** (2.23)	196.25** (2.13)	224.44*** (2.66)
kl			0.02** (1.96)	0.06*** (5.06)
tec				−0.004 (1.21)
Adj-R^2	0.712	0.723	0.734	0.738
曲线形状	倒 U 形	倒 U 形	倒 U 形	倒 U 形
转折点　万元	5.13	4.78	4.26	1.84
美元	7577	7060	6293	2717

注：括号里的数字是 t 值；***、**、* 分别代表在 1%、5% 和 10% 的水平上显著。

（三）结果分析

（1）表 4.1、表 4.2 和表 4.3 中的模型（1）是对库兹涅茨曲线原始方程的检验，结果表明无论是工业废水、工业二氧化硫还是工业固体废弃物，gdp 的系数在 1% 的水平上显著为正，gdp^2 项前面的系数在 1% 的水平上显著为负，说明在中国环境库兹涅茨曲线都是成立的。

模型（2）~模型（4）是分别加入控制变量贸易顺差、人均资本和技术水平后的检验结果，由表 4.1 至表 4.3 可以看出，对于三种污染排放物，在加入控制变量后，gdp 的系数仍然显著为正，gdp^2 项前面的系数仍旧显著为负，从而充分验证了在中国环境质量与人均GDP之间存在着较为显著的库兹涅茨倒U形曲线关系。

根据以上的结果可以进一步计算出三种污染物排放－收入倒U形曲线的转折点位置，以工业废水排放与收入曲线为例，将所有影响因素都考虑在内的情况下，其排放－收入倒U形曲线的转折点位于人均GDP为5.53万元/人（即8180美元/人）的临界值处。按照世界银行（1992）与格罗斯曼和克鲁格（1995）的估计，对于一般污染物污染排放的转折点出现在人均8000美元左右，超过了这个水平，污染水平就会回落，环境质量趋向好转。由此可以看出，工业废水模型（4）的估计结果与以上结果是比较接近的。

这一估计结果的经济意义是：只有当人均GDP超过5.53万元/人的临界水平，该地区工业废水排放量和人均GDP之间才具有下降趋势。然而对于人均GDP低于5.53万元/人临界水平的地区而言，工业废水排放量和人均GDP之间具有上升趋势。

通过将中国各地区实际人均GDP水平与5.53万元/人临界值相比较，可以对中国区域环境－收入关系进行判断。表4.4列出了中国各省市2000~2018年的人均GDP值。通过表4.4可以看到，2000年全国各省市的人均GDP都没有超过临界值，处于库兹涅茨曲线的左半段，意味着随着人均GDP的上升，中国环境污染会加剧。2018年这种状况有所缓解，北京、天津、上海、辽宁、江苏、浙江、福建和广东等省市的人均收入水平达到了转折点，位于库兹涅茨曲线的右半段。但中部和西部大部分省份环境－收入关系都位于库兹涅茨曲线的左半段，即随着人均GDP的上升，工业废水排放量仍将相应地增加，所以中国的环境问题仍然相当突出。

表 4.4		2000～2018 年中国各省份人均 GDP 值									单位：万元/人	
地区		2000 年	2003 年	2004 年	2007 年	2008 年	2012 年	2013 年	2014 年	2015 年	2016 年	2017 年	2018 年
东部	北京	2.41	3.49	4.11	6.13	6.68	8.64	9.36	9.91	10.60	11.82	12.90	14.02
	天津	1.74	2.55	3.06	4.80	5.87	9.13	9.81	10.37	10.69	11.51	11.89	12.07
	河北	0.76	1.03	1.25	1.97	2.30	3.65	3.88	3.98	4.01	4.31	4.54	4.78
	辽宁	1.12	1.43	1.58	2.61	3.17	5.66	6.20	6.52	6.54	5.08	5.35	5.80
	上海	2.97	3.91	4.63	6.80	7.51	8.48	9.03	9.71	10.40	11.66	12.66	13.50
	江苏	1.18	1.68	2.02	3.43	4.05	6.83	7.53	8.18	8.79	9.69	10.72	11.52
	浙江	1.34	2.04	2.44	3.74	4.22	6.33	6.87	7.29	7.74	8.49	9.21	9.86
	福建	1.12	1.43	1.65	2.59	3.01	4.59	5.10	5.48	5.73	7.47	8.27	9.12
	山东	0.93	1.33	1.64	2.76	3.29	5.16	5.67	6.07	6.40	6.87	7.28	7.63
	广东	1.27	1.78	2.09	3.39	3.87	5.39	5.87	6.32	6.71	7.40	8.09	8.64
	海南	0.68	0.86	0.98	1.49	1.77	3.22	3.55	3.88	4.06	4.43	4.84	5.20
中部	山西	0.57	0.86	1.07	1.78	2.15	3.35	3.49	3.50	3.48	3.55	4.21	4.53
	吉林	0.74	0.99	1.15	1.94	2.35	4.34	4.74	5.02	5.11	5.39	5.48	5.56
	黑龙江	0.83	1.06	1.24	1.86	2.17	3.57	3.77	3.92	3.96	4.04	4.19	4.33
	安徽	0.48	0.64	0.77	1.20	1.44	2.87	3.19	3.43	3.58	3.96	4.34	4.77
	江西	0.49	0.66	0.81	1.33	1.59	2.87	3.19	3.46	3.66	4.04	4.34	4.74
	河南	0.55	0.74	0.92	1.60	1.92	3.15	3.42	3.70	3.90	4.26	4.67	5.02
	湖北	0.63	0.84	0.99	1.64	1.99	3.85	4.28	4.71	5.05	5.57	6.02	6.66
	湖南	0.54	0.76	0.92	1.49	1.81	3.34	3.68	4.01	4.26	4.64	4.96	5.29
西部	四川	0.50	0.66	0.79	1.30	1.55	2.96	3.26	3.51	3.66	4.00	4.47	4.89
	贵州	0.28	0.37	0.43	0.73	0.94	1.97	2.31	2.64	2.98	3.32	3.80	4.12
	云南	0.48	0.59	0.70	1.06	1.26	2.21	2.52	2.72	2.87	3.11	3.42	3.71
	陕西	0.50	0.70	0.86	1.54	1.95	3.85	4.31	4.69	4.75	5.10	5.73	6.35
	甘肃	0.41	0.54	0.66	1.03	1.21	2.19	2.45	2.64	2.61	2.76	2.85	3.13
	青海	0.51	0.73	0.87	1.45	1.84	3.30	3.67	3.95	4.11	4.35	4.40	4.77
	宁夏	0.54	0.77	0.92	1.51	1.96	3.62	3.94	4.16	4.36	4.72	5.08	5.41
	新疆	0.74	0.98	1.13	1.70	1.98	3.36	3.73	4.04	3.95	4.06	4.49	4.95
	广西	0.47	0.62	0.75	1.23	1.47	2.78	3.06	3.30	3.50	3.80	3.81	4.15
	内蒙古	0.65	1.00	1.28	2.68	3.53	6.38	6.77	7.09	7.10	7.21	6.38	6.83

资料来源：根据历年《中国统计年鉴》整理。

（2）从面板回归结果中可以看出，对于工业废水、工业二氧化硫和工业固体废弃物，贸易顺差前的系数为正且都通过了1%的显著性检验，说明贸易顺差的增加加剧了中国环境的污染，随着贸易顺差的增加，工业废水、工业二氧化硫和工业固体废弃物的污染排放日益增多。在中国，贸易顺差更多的是一个规模变量，中国持续多年的贸易顺差和一直居高不下的经济增长速度，是建立在高能耗、高污染和资源型的粗放式经济增长方式的基础之上的，中国廉价的出口产品也与中国环境资源产权不清晰、环境外部性严重、环境成本没有计入企业成本有很大关系。因此，中国出口产品很多是技术含量低、对环境污染严重的污染密集型产品。同时，由于对技术创新重视程度不够，从国外进口的先进环保设备相对较少，因此，贸易顺差导致的结构效应和技术效应不明显，所以贸易顺差更多地体现在贸易规模的扩张上。规模的扩大势必会消耗更多的资源，在生产过程中造成更多的污染，对资源造成极大浪费的同时又加重了环境的污染。

（3）人均资本反映了一国要素禀赋状况。改革开放以来，随着外资的流入和本国资本的积累，中国人均资本有了很大幅度的提高，资本密集型产业获得快速发展。按照科尔（2004）的结论，资本密集型产业属于污染密集型产业，而劳动密集型产业相对比较清洁，对环境污染较少。根据表4.1中的结论，对于工业废水而言，人均资本前的系数为负，意味着人均资本的增加减少了工业废水的排放，有利于减少污染。但是人均资本的增加使得工业废气和工业固体废弃物的排放增加，对环境带来很大污染。这种结论与中国复杂的产业结构有关。一方面，中国人均资本的增加，反映了中国资本密集型产业有了很大发展，环境污染加重，但是另一方面，人均资本越高，往往所拥有的技术也越高，先进的技术设备会降低一国生产过

程中产生的污染。同时，中国处在国际分工日益深化和国际产业大
转移的全球背景下，加工贸易在中国占有很大比重，中国处在价值
链低端，虽然人均资本增加，但是所从事的往往是低附加值产品的生
产和加工。加工贸易比重高也会给中国环境带来两种效应：一是简单
组装生产，主要是利用中国廉价劳动力从事劳动密集型产业活动，对
中国环境是有利的；二是低技术水平的加工生产，外资企业往往会利
用中国廉价资源的优势和外国已经淘汰的生产技术在中国从事一些
污染密集型产业的生产，这会对中国环境造成极大损害，鉴于此，中
国人均资本的增加对于不同的污染变量所得的结果不同与中国复杂
的产业结构有关。但结合现实情况，总的来讲，中国人均资本的增加
对中国环境所起的结构效应是负的，即人均资本的增加使中国环境
污染加重。

（4）技术水平变量前的系数对于三种污染物来说都是负，说明
技术水平的提高降低了中国环境污染的程度，但并不显著。这与中国
改革开放以来严重依赖外国技术、创新重视程度不够、技术研发能力
相对较弱有很大关系。改革开放以来，为了解决资金短缺和外汇不足
的问题，中国采取的是鼓励出口的"出口导向型"发展战略，在这
种国家方针政策指引下，中国利用本国廉价资源和丰富劳动力，片面
追求经济增长速度，忽视了对技术的创新和研发。同时由于"重出
口、轻进口"的思想，对国外先进技术和环保设备的购买和引进也
很有限的，技术溢出效应不明显，造成了中国生产效率低下，环境污
染日益严重的现状。

以上研究发现：对于工业废水、工业二氧化硫和工业固体废弃
物，贸易顺差前的系数为正且都通过了 10% 的显著性检验，说明贸
易顺差加剧了中国环境的污染，随着贸易顺差的增加，工业废水、工

业二氧化硫和工业固体废弃物的污染排放日益增多。据此，提出如下政策建议：

第一，优化贸易结构，使出口贸易由数量扩张型的粗放式增长模式向以质量效益为导向的集约型增长方式转变。贸易导致中国污染排放快速增长的内在原因不是贸易顺差造成的，而是由于贸易的不合理、不均衡发展造成的。机械电子等产品在出口中占据很大比重，该行业的产品污染强度相对较低，因此出口结构得以不断优化，同时，各行业的污染强度也都有很大幅度下降，技术效应对环境的改善也有很好的促进作用，但所有这些远远低于规模的快速增加对环境带来的负面效应，导致出口带来的各类污染物排放量持续增长。促进产业结构升级是优化贸易结构、改善环境质量的最根本、最有效的战略性措施，充分体现了"源头防治"的理念。只有促进产业结构升级，把转变经济发展方式落到实处，才有可能实现经济与环境的和谐发展。

第二，提高技术创新能力。建立和完善相关的激励机制，如政府采取鼓励和资助相关的技术研发、补贴相关技术采用者、强制生产者采用相关技术、政府采购等措施来促进资源节约和环境保护技术的推广和改进。加大技术创新力度，加快对传统的高污染行业如化工、石油加工及炼焦业、非金属矿物制造业、黑色金属冶炼及压延业和有色金属冶炼及压延业等行业的技术改造的步伐，减少自然资源的消耗和污染物的排放量，并由此推动传统产业的升级。

第三，提高国内消费水平。长期以来，中国国内消费不足，原因是多方面的：一是因为多年来投资尤其是房地产投资比重过高，高额的投资回报会促使投资进一步增加，同时，高企的房价导致老百姓高额的储蓄，进一步减少了消费。二是国内经济与国际经济失衡。长期以来，中国通过对廉价资源的大肆开采生产出廉价制成品出口到国外，满足国外需求的同时，本国居民消费能力不仅没有提高，反而要承担环境被破坏的代价。另外经济高速增长带来的收益并没有均衡地加以分配，贫富差距越来越大，严重影响到国内消费水平的提高。居民收入增加会影响到一国环境政策的制定，随着居民收入的增加，人们对环境的需求会越来越高，一国政府迫于压力会提高污染排放征收费用，从而降低污染。为此，今后应该调整投资政策、进出口政策和收入分配政策，促进国内消费水平的提高，才能有效地改善环境质量。

第四，与发达国家加强合作。随着环境问题的日益全球化，贸易的可持续发展成为当今国际社会共同关注的问题。主要工业化国家如美国、日本、韩国、德国、荷兰早期通过对全球廉价的矿产资源和环境要素的大量掠夺和消耗，奠定了今天雄厚的物质基础和发达的经济实力，并且拥有世界上最先进的节能技术和清洁生产技术。发展中国家，尤其是中国这样的发展中大国，已经不能像这些工业化国家当年那样轻易获得发展所需的资源和环境容量了，作为一个发展中国家，中国要想快速提高自己的生产技术和环境质量，发扬"自力更生、艰苦奋斗"的精神，依靠自己的实力进行技术创新是值得提倡的，但是当今社会是一个密切联系、高度合作的社会，要学会依靠国际社会的力量，通过加强国际间，尤其是加强与发达国家的合作来弥补自己的不足，将会大大提高中国自身的能源效率并减少污染排放，对世界环境质量的提高也会产生积极作用。

第五，实施严格的环境规制政策需要与政府的发展目标相结合。只有将严格的环境规制政策与政府的发展目标相结合，环境规制政策才能做到切实可行，否则该政策只能是一纸空文。当政府将发展的目标定义为 GDP 增长的时候，客观上就忽视了对环境的保护，宽松的环境规制本身就是和资本、劳动、自然资源等相并行的驱动要素，它本身可能成为一种比较优势，因为在其他条件相同的情况下，该国将具有成本优势。只有将节能减排、保护环境这一目标列为与 GDP 增长同等地位，作为度量各级政府官员业绩的重要考察内容，中国才能从根本上实现贸易模式的转变以及经济的长期可持续发展。

第五章　中国进出口贸易的环境效应

——基于中国制造业各行业的研究

　　按照传统贸易理论，贸易的开展会使一国按照比较优势进行国际分工，因此会影响到产业的规模、结构，同时贸易自由化还会使国外技术得以扩散和引进，因此又会影响到一国的生产技术。而生产规模的变化、结构的调整和技术的进步都会对一国环境产生直接或间接的影响。中国改革开放以来，对外贸易获得迅速发展，中国由于劳动力和自然资源比较丰富，劳动密集型产业和资源密集型产业一直是中国的比较优势产业，但随着国际产业的转移，中国积极参与全球价值链的生产，资本密集型产业也获得快速发展。那么对外贸易到底给中国环境带来什么样的影响呢？本章拟从贸易对环境的规模效应、结构效应和技术效应三方面进行测算，并对进出口贸易的环境效应进行比较，以期得出比较有价值的观点。

第一节　对外贸易环境效应分解

　　根据格罗斯曼和克鲁格（1993）的思路，对外贸易对环境的效应可以分解为规模效应、结构效应和技术效应，用公式表示如下：

$$z = eX = e\varphi S \tag{5.1}$$

其中，z 表示出（进）口贸易所导致的总污染排放量，e 是产品 X 的污染强度，表示单位产出的污染排放量，φ 是产品 X 占总出（进）口的比重，S 是出（进）口总值，表示贸易规模。

对式（5.1）两边同时取对数，并求导，可得出（进）口贸易对环境带来的三种效应，即技术效应、结构效应和规模效应：

$$\hat{z} = \hat{S} + \hat{\varphi} + \hat{e} \tag{5.2}$$

其中，$\hat{z} = \mathrm{d}z/z$，其他依次类推。$\hat{S}$ 表示规模效应，该项度量的是在贸易结构和生产技术维持不变的情况下，仅仅由于生产规模的扩大，可能增加的污染排放量。$\hat{\varphi}$ 表示结构效应，即产出中污染性产品所占份额的变化对污染排放水平的影响。如果经济规模和污染排放强度保持不变，则经济体系中投入更多的资源用于污染性产品的生产将导致环境污染的增加。$\hat{e}$ 表示技术效应。如果其他因素保持不变，污染排放强度的下降会降低环境污染。

一、规模效应

假设政府监管部门征收一固定的污染排放税，则污染排放密集度保持不变。设经济体系中三种生产要素（K，L，Z）同比率增加 λ 倍（λ 为要素禀赋增长因子），那么经济系统中新增加的要素禀赋可以表示为（λK，λL，λZ），由于规模报酬不变，出口规模扩大 λ 倍。

由式（5.2）取对数后对 λ 求导，得以下表达式：

$$\frac{\mathrm{d}z/\mathrm{d}\lambda}{z} = \frac{(p\mathrm{d}x + \mathrm{d}y)/\mathrm{d}\lambda}{S} + \frac{\mathrm{d}(px/S)/\mathrm{d}\lambda}{\varphi} + \frac{\mathrm{d}e/\mathrm{d}\lambda}{e} \qquad (5.3)$$

$$\frac{(p\mathrm{d}x + \mathrm{d}y)/\mathrm{d}\lambda}{S} = \frac{px + y}{\lambda(px + y)} = \frac{1}{\lambda} > 0 \qquad (5.4)$$

因此，规模效应为正。这个结果显而易见，因为要素禀赋规模的扩大同时扩大了出口生产规模。另外由于 x 和 y 在生产要素上具有一次同次性，意味着 x/S 不受 λ 的影响，$\mathrm{d}(x/S) = 0$，因此 $\frac{\mathrm{d}(px/S)/\mathrm{d}\lambda}{\varphi} = 0$，贸易结构效应为 0。又因为 $e \equiv \frac{z}{x} = \frac{\alpha p}{\tau}$，污染排放税 τ 固定，所以可以得出 $\frac{\mathrm{d}e/\mathrm{d}\lambda}{e} = 0$，即技术效应不存在。

对外贸易可以为一国提供更广阔的市场，为一国经济规模的扩大提供了客观条件。按照传统国际贸易理论，通过对外贸易，一国按照比较优势进行国际分工，会大大提高一国的劳动生产率，同时，伴随着对外贸易的开展，国外先进生产技术和生产设备的引进也使大规模生产成为可能。生产规模的扩大意味着资源消耗的增加，而无论是环保型生产技术还是污染型生产技术都或多或少会对环境造成一定的损害，尤其是落后的生产技术对环境造成的污染相当严重，因此，对外贸易会加剧环境污染和自然资源的非可持续性利用，削弱现有环境保护法的效力，使发展中国家成为"污染避难所"，这正是环保主义者反对自由贸易的主要原因。

二、结构效应

(一) 资本要素的积累

讨论结构效应的时候，假设污染排放税保持不变。由式 (5.2) 取对数后对 K 求导数，得到由于资本的变化所导致的污染变化：

$$\frac{dz/dK}{z} = \frac{(pdx + dy)/dK}{S} + \frac{d(px/S)/dK}{\varphi} + \frac{de/dK}{e} \qquad (5.5)$$

因为生产企业利润最大化必然要求要素的使用要达到其边际产量的价值等于要素本身的价格时才为最优，所以有以下等式：$r = pMP_K = pdx/dK$，同理 $r = MP_K = pdy/dK$，所以 $(pdx + dy)/dK = 2r > 0$，即规模效应为正。

$\dfrac{d(px/S)/dK}{\varphi}$ 代表结构效应，其中，$px/S = 1/(1 + y/px)$，由雷布津斯基定理，资本积累增加导致劳动密集型的 Y 产业萎缩，而使资本密集型的 X 产业扩张，$d(y/px)/dK < 0$，所以资本积累增加所带来的结构效应将导致污染排放增加，即 $\dfrac{d(px/S)/dK}{\varphi} > 0$。

由于假定污染排放税保持不变，所以不存在技术效应，即 $\dfrac{de/dK}{e} = 0$。

(二) 劳动力要素的积累

由式 (5.2) 取对数后对 L 求导数，得到由于资本的变化所导致的污染变化：

$$\frac{dz/dL}{z} = \frac{(pdx + dy)/dL}{S} + \frac{d(px/S)/dL}{\varphi} + \frac{de/dL}{e} \qquad (5.6)$$

因为生产企业利润最大化必然要求要素的使用要达到其边际产量的价值等于要素本身的价格时才为最优，所以有以下等式：$\omega = pMP_L = pdx/dL$，同理 $\omega = MP_L = dy/dL$，所以 $\dfrac{(pdx + dy)/dL}{S} = 2\omega > 0$，即规模效应为负。

$\dfrac{d(px/S)/dK}{\varphi}$代表结构效应，其中，$px/S = 1/(1 + y/px)$，由雷布津斯基定理，劳动力积累增加导致劳动密集型的 Y 产业扩张，而使资本密集型的 X 产业萎缩，$d(y/Px)/dL > 0$，所以 $\dfrac{d(px/S)/dL}{\varphi} < 0$，表示资本积累增加所带来的结构效应将导致污染排放减少。

由于假定污染排放税保持不变，所以不存在技术效应，即 $\dfrac{de/dK}{e} = 0$。

（三）贸易的影响

本国是污染密集型产品 X 的出口国，根据 $p(1 + \rho) = p^w$ 可知，贸易自由化使 ρ 值下降，在世界市场价格 p^w 保持不变的条件下，国内污染密集型产品 X 的价格 p 会因此上升，污染密集型产业 X 产出增加，假设生产要素是一定的，则清洁产业 Y 产出减少。所以由 $\varphi = px/S = 1/(1 + y/px)$ 可知，污染密集型产业在整个经济中的比重增加，从而导致污染排放增加，即结构效应为负。

（四）污染治理技术的影响

由 $x = (1 - \theta(A))F(K_x, L_x)$ 可知，污染治理是污染治理技术的函数，如果污染治理技术提高，在保持污染排放水平一定的情况下，那么用于污染治理的要素投入就会越少，因此会有更多的要素用于 X

产品的生产，从而使污染密集型产品产量增加，由 $\varphi = px/S = 1/(1 + y/px)$ 可知，污染密集型产业在整个经济中的比重增加，从而导致污染排放增加，即结构效应为负。

国际贸易会使一国按照比较优势理论专业化生产本国具有比较优势的产品，如果一国在清洁型产品的生产上具有比较优势，则对外贸易会使一国环境质量得到改善，相反，如果一国在污染密集型产品的生产上具有比较优势，则对外贸易会使一国环境质量恶化。国际贸易还会导致更多的外国商品和外国资本的进入，并导致本国产业结构的调整。这种调整的结果会改变各国对自然资源和人力资源的配置，并会带来产出结构的变化。如果外国资本投资于污染严重的重工业的比重较高，则这种产业结构会增加东道国的污染排放，使环境恶化，相反，如果外国资本偏重于服务业的投资，由于服务业相对比较清洁，因此对环境的改善有很大的促进作用。贸易的结构效应还体现在随着对外贸易的开展，一国国内生产总值（GDP）不断提高，人们的环保意识增强，政府会加强环境规制力度，加快产业结构调整的步伐，减少污染密集型产业的发展，提高清洁型产业生产的比重，从而减少污染的排放，提高环境质量。

三、技术效应

（一）各因素对污染排放税的影响机制

污染税外生政策条件下，技术效应为零，即单位产出的污染排放量为一定值。污染税内生政策条件下，由 $\tau = ap^{\alpha}(I - nx)$ 得：

（1）$\dfrac{\mathrm{d}\tau}{\mathrm{d}p} = a\alpha(I - nx)p^{\alpha-1} = \dfrac{a\alpha(I - nx)}{p^{1-\alpha}} > 0$，是环境政策对产品相对价格的响应，表示为减少污染排放消费者愿意支付的对价。随着污染性商品价格的上升，环境质量对消费者而言显得更加便宜，因而消费者为减少污染排放愿意支付的对价更高，此为替代效应。这种替代效应会增加污染排放税。

（2）$\dfrac{\mathrm{d}\tau}{\mathrm{d}I} = ap^{\alpha} > 0$，该式表示收入效应。因为本国是污染性产品的出口国，国内 X 产品价格的上升导致国民收入增加，从而对环境质量的需求提高，导致污染排放税上升。

（3）$\dfrac{\mathrm{d}\tau}{\mathrm{d}nx} = -ap^{\alpha} < 0$，该式表示贸易顺差效应，随着一国贸易顺差的扩大，一国总产出中用于国内消费数量减少，消费者的边际效用递增，因此为减少污染排放而愿意支付的对价减少，这种效应会减少污染排放税。

（二）污染排放税对污染排放的影响机制

污染排放税由于产品相对价格、国民收入和贸易顺差的作用而发生变化，假设政府出于对环境保护的动机，提高对污染排放税 τ 的征收，由式（5.2）取对数后对 τ 求导数，得到由于污染排放税的变化所导致的污染变化：

$$\dfrac{\mathrm{d}z/\mathrm{d}\tau}{z} = \dfrac{(p\mathrm{d}x + \mathrm{d}y)/\mathrm{d}\tau}{S} + \dfrac{\mathrm{d}(px/S)/\mathrm{d}\tau}{\varphi} + \dfrac{\mathrm{d}e/\mathrm{d}\tau}{e} \qquad (5.7)$$

如果将污染排放 z 作为内生变量来处理，则国民收入函数为：$G = px + y - tz$。

将 $tz = \alpha px$ 代入国民收入函数 $G = px + y - \alpha px = p(1-\alpha)x + y$，

可以求出：

$$\frac{\partial G}{\partial \tau} = \frac{\partial \left[p(1-\alpha)x + y \right]}{\partial \tau} = -z \tag{5.8}$$

$$\frac{p(1-\alpha)\,\mathrm{d}x}{\mathrm{d}\tau} + \frac{\mathrm{d}y}{\mathrm{d}\tau} = -z \tag{5.9}$$

据此可以推出：

$$\frac{p\,\mathrm{d}x}{\mathrm{d}\tau} + \frac{\mathrm{d}y}{\mathrm{d}\tau} = \frac{p\,\mathrm{d}x}{\mathrm{d}\tau} + \left[-z - \frac{p(1-\alpha)\,\mathrm{d}x}{\mathrm{d}\tau} \right] = -z + \alpha\frac{\mathrm{d}x}{\mathrm{d}\tau} < 0 \tag{5.10}$$

其中，$\frac{\mathrm{d}x}{\mathrm{d}\tau} < 0$。所以污染排放税增加会减少产出规模，从而减少污染，规模效应为正。

$\dfrac{\mathrm{d}(px/S)/\mathrm{d}\tau}{\varphi}$ 代表结构效应，由于污染排放税增加将导致 X 产业萎缩，而 Y 产业扩张，所以：

$$\frac{\mathrm{d}(px/S)}{\mathrm{d}\tau} = \frac{\mathrm{d}(1/(1 + y/Px))}{\mathrm{d}\tau} < 0 \tag{5.11}$$

$\dfrac{\mathrm{d}e/\mathrm{d}\tau}{e}$ 代表技术效应，因为 $e \equiv \dfrac{z}{x} = \dfrac{\alpha p}{\tau}$，所以更高的污染排放税降低了污染排放强度，故：

$$\frac{\mathrm{d}e/\mathrm{d}\tau}{e} = -\frac{1}{\tau} < 0 \tag{5.12}$$

由式（5.10）、式（5.11）和式（5.12）可以看出，污染税增加会降低污染排放水平。

对外贸易的开展，使国际上先进的生产技术得以扩散，发展中国家或者污染严重的国家可以通过进口或外商直接投资的方式在短期内获得国外先进的环保技术和生产设备，快速提高本国技术进步水平。技术进步能提高自然资源的利用率，使资源得到极大的节约和循环利用，从而降低单位产出的自然资源消耗，减少环境污染；同时，技术进步能促使生产者采用清洁生产工艺、清洁能源和污染处理设备，从而改善环境质量。另外，国际贸易带来的竞争压力以及"绿色技术"的高盈利性，促使国内企业不断更新生产技术，加大环境技术创新投入，从而减少了污染排放强度。格罗斯曼和克鲁格（1991）认为，从理论上讲，结构优化和技术进步所产生的环境效应之和是能够超出经济规模增长所产生的负效应的。

第二节　环境效应测算的数据来源与处理

中国的污染排放数据主要集中于工业，因此本章实证研究主要是针对制造业各行业，并不涉及第一产业、第三产业，也不考虑跨境或跨地区的污染以及中间产品污染问题，而且研究对象仅限于历年国有及国有规模以上（年销售收入 500 万元以上）的工业企业。工业总产值数据来源于《中国工业经济统计年鉴》《中国统计年鉴》，污染物数据来源于《中国环境年鉴》。制造业各行业的进出口数据来自联合国商品贸易统计数据库。鉴于统计口径的不一致及其数据的可获得性，本章研究数据仅涵盖制造业的 14 个行业，包括食品、烟草及饮料制造业，纺织业，服装业，皮革、毛皮、羽绒及制品业，造纸及纸制品业，石油加工及炼焦业，化学原料及化学制品制造业，医药制造业，橡胶制品业，非金属矿物制造业，黑色金属冶炼及压延业，有色金属冶炼及压延业，金属制品业，机械、电气、电子设备制造业。印刷业和记录媒介的复制、化学纤维制造业、塑料制造业，以及电力、煤气及水的生产及供应业由于数据匹配性较弱或无法获取完整数据而没有考虑。《中国环境年鉴》从 2001 年开始制造业各行业分类进一步细化，为此，为了保持历年制造业各行业数据分类标准的统一性，自 2001 年以后制造业各行业中的食品加工业、食品制造业、饮料制造业和烟草加工业合并为食品、烟草及饮料制造业，普通机械制造业、专用设备制造业、交通运输设备制造业、武器弹药制造业、电气机械及器材制造业、电子通信及文化办公机械制造业、仪器仪表及文化办公机械制造业等合并为机械、电气、电子设备制造业。《中国环境年鉴》中 1996 年以前石油加工业和炼焦煤气及煤制品业是单独进行统计的，1996 年及以后的分类是石油加工及炼焦业，另外 2006 年以后对于工业固体废弃物的统计与之前的统计方法上有所不同，2006 年以前的工业固体废物产生量包括危险废物、冶炼废渣、粉煤灰、炉渣、尾矿、放射性废物和其他废物等指标，参考斋（2002）的计算方法，固体废弃物产生量为危险废物、冶炼废渣、粉煤灰、炉渣、尾矿、放射性废物之和，而 2006 年以后的固体废弃物产生量仅包括危险废物一项，考虑到统计分类和数据的统一性，本章只对 1996 ~ 2006 年的数据进行分析。

第三节　出口贸易的环境效应

一、制造行业的污染强度

在分析贸易对环境的效应之前，首先需要确定中国制造业各

行业的污染强度 e_i（i 表示行业）。污染强度为制造业各行业污染排放量除以相应各行业总产值所得的比值。下面分别以某一具体年份不同污染物强度和制造业各行业总污染强度随时间发生的变化两个角度进行分析。

（一）制造业各行业的污染强度——基于不同污染排放物的比较

对于不同的污染排放物，制造业各行业对应的污染强度是不一样的。考虑到各项指标统计分类的一致性，下面以 2006 年为例，分别计算制造业各行业工业废水、工业二氧化硫、工业烟尘、工业粉尘和工业固体废弃物的污染强度。化学需氧量（COD）表示在强酸性条件下重铬酸钾氧化一升污水中有机物所需的氧量，可大致表示污水中的有机物量，常用来表示水体的污染程度，本节对于工业废水的衡量因此用化学需氧量来代替。表5.1 给出了中国制造业各行业不同污染排放物对应的污染强度。

表5.1　　　　2006 年中国制造业各行业的污染强度*　　单位：吨/百万元

行业	化学需氧量	工业二氧化硫	工业烟尘	工业粉尘	工业固体废物
食品、烟草及饮料制造业	0.760	0.33	0.25	1.08	6.62
纺织业	0.540	0.52	0.21	1.04	9.87
服装业	0.207	0.25	0.13	0.71	4.98
皮革、毛皮、羽绒及制品业	0.699	0.18	0.10	1.47	3.21
造纸及纸制品业	5.383	1.48	0.72	4.18	36.98
石油加工及炼焦业	0.058	0.51	0.29	14.16	9.71
化学原料及化学制品制造业	0.467	0.96	0.44	15.04	42.22

续表

行业	化学需氧量	工业二氧化硫	工业烟尘	工业粉尘	工业固体废物
医药制造业	0.449	0.29	0.18	0.73	7.70
橡胶制品业	0.044	0.33	0.13	0.55	6.08
非金属矿物制造业	0.121	3.83	2.51	1038.07	54.35
黑色金属冶炼及压延业	0.081	0.84	0.41	63.77	148.31
有色金属冶炼及压延业	0.072	1.01	0.22	2.06	72.48
金属制品业	0.042	0.10	0.05	2.96	4.30
机械、电气、电子设备制造业	0.035	0.05	0.03	2.16	1.48

注：＊各行业废水污染物排放强度＝各行业工业废水污染物（COD）排放量/各行业工业总产值（当年价格）；各行业工业废气污染排放强度＝各行业工业废气（工业二氧化硫、工业烟尘和工业粉尘）/各行业工业总产值（当年价格）；各行业工业固体废弃物排放强度＝各行业工业固体废弃物产生量/各行业工业总产值。

资料来源：《中国环境年鉴（2007）》。

由表5.1可知，制造业各行业的污染排放强度差别很大。造纸及纸制品业对于水的污染较为严重，化学需氧量的污染强度为5.383吨/百万元，远远高于制造业其他各行业，因此，若要加大水污染的治理，首当其冲的是对造纸及纸制品业进行控制或提高相关技术。非金属矿物制造业在工业二氧化硫、工业烟尘、工业粉尘和工业固体废物的排放上都具有较高的污染强度，尤其是工业粉尘。因此，非金属矿物制造业的发展一定要引起足够重视。黑色金属冶炼及压延业和有色金属冶炼及压延业在工业固体废物的排放上具有较高的污染强度。

（二）制造业各行业总污染强度变化趋势

制造业各行业总污染强度在一定程度上可以较为准确地反映一

个行业的总的污染状况，表5.2是中国制造业各行业历年的总污染
强度①。

表 5.2 　　　　 **1996～2006 年中国制造业各行业总污染强度**

单位：吨/百万元

行业	1996 年	1997 年	1998 年	1999 年	2000 年	2001 年	2002 年	2003 年	2004 年	2005 年	2006 年
食品、烟草及饮料业	25.72	20.76	17.73	18.02	15.74	15.62	13.05	12.23	10.65	10.47	7.97
纺织业	16.43	16.80	16.91	15.08	14.24	16.60	16.34	15.38	21.57	13.83	11.15
服装业	8.21	8.40	8.45	7.54	7.12	8.43	8.89	7.15	7.68	6.35	5.58
皮革、毛皮、羽绒及制品业	12.06	7.76	9.50	15.21	7.69	6.01	8.15	5.67	8.55	5.37	4.20
造纸及纸制品业	120.86	119.52	117.17	98.81	82.67	83.95	70.73	58.14	55.16	48.89	44.61
石油加工及炼焦业	14.96	25.57	31.23	26.61	19.31	23.95	24.07	26.02	19.95	14.87	10.71
化学原料及化学制品制造业	111.68	94.95	98.26	87.33	65.86	72.13	78.56	69.50	63.67	53.90	44.23
医药制造业	23.17	20.11	17.81	18.42	13.50	13.76	11.12	13.15	10.82	8.94	8.63
橡胶制品业	23.54	18.70	18.09	17.49	15.23	10.03	8.54	10.96	9.08	8.84	6.58
非金属矿物制造业	81.56	94.72	142.35	115.52	100.77	67.80	81.38	85.80	78.80	77.76	71.18
黑色金属冶炼及压延业	356.86	361.55	361.00	327.54	308.92	259.59	241.08	204.01	155.47	161.69	150.27

_____

① 总污染强度为工业废水、工业废气和工业固体废弃物污染强度之和。

续表

行业	1996 年	1997 年	1998 年	1999 年	2000 年	2001 年	2002 年	2003 年	2004 年	2005 年	2006 年
有色金属冶炼及压延业	237.79	195.54	214.70	224.63	197.88	217.84	184.12	151.91	130.92	112.16	73.80
金属制品业	16.61	11.07	9.99	10.72	5.53	6.07	7.55	5.99	5.02	1.16	4.52
机械、电气、电子设备制造业	8.75	8.01	6.94	6.91	4.94	4.33	3.99	3.48	2.48	3.21	1.62

资料来源：历年《中国环境年鉴》《中国工业经济统计年鉴》《中国统计年鉴》。

1996 年，污染强度排在前五位的依次是：黑色金属冶炼及压延业、有色金属冶炼及压延业、造纸及纸制品业、化学原料及化学制品制造业和非金属矿物制造业。经过 10 多年的发展，到 2006 年排在前五位的污染密集型行业依次为：黑色金属冶炼及压延业、有色金属冶炼及压延业、非金属矿物制造业、造纸及纸制品业和化学原料及化学制品制造业。可以看出，1996～2006 年，污染强度排在前五位的行业种类没有发生变化，只不过排列次序发生了一些变化，因此可以把这五个行业看作是污染密集型行业，这一结论与巴斯（2004）对污染行业的分类标准是一致的。巴斯（2004）对污染行业进行了划分，将"污染治理和控制支出（Pollution Abatement and Control Expenditures，PACE）在总成本中所占比重"高于 1.8% 的行业最终确定为污染行业，包括：工业化学行业、纸和纸浆行业、非金属矿产业、黑色金属行业和有色金属行业。

从表 5.2 中还可以看出，中国制造业经过多年的发展，各行业的污染强度都有了明显下降。这说明技术的进步、创新和引进提高了中国生产效率，减少了污染排放，提高了环境质量。另外一个显著特点是机械、电气、电子设备制造业的污染强度有了明显下降，污染强度比较低，是污染程度较轻的行业，其生产造成的环境污染相对较少。

二、出口贸易对环境影响的结构效应

按照传统的比较优势理论，贸易自由化会使一国出口其具有相对比较优势的产品。如果一国在污染密集型产业上具有比较优势，那么该国污染密集型产业的出口会增加，污染排放水平上升，贸易对环境的结构效应为负。相反，如果一国在清洁产业的生产上具有比较优势，那么该国清洁产业的出口会增加，污染排放水平下降，贸易的结构效应为正。

表 5.3 列出了 1996 ~ 2006 年制造业各行业出口份额的变化，由表中数据可以看出，1996 年，中国商品出口额排在前五位的行业是机械、电气、电子设备制造业，服装业，纺织业，化学原料及化学制品制造业，石油加工及炼焦业。机械、电气、电子设备制造业与服装业和纺织业三个行业的出口额占 14 个制造业各行业出口总额的 66.3%，经过 10 多年的发展，到了 2006 年，出口额排在前五位的行业有机械、电气、电子设备制造业，服装业，纺织业，化学原料及化学制品制造业，金属制品业。机械、电气、电子设备制造业与服装业和纺织业三个行业的出口额达到 75.08%。机械、电气、电子设备制造业出口增长迅速，从 1996 年的 32.31% 增长到 2006 年的 57.06%，近几年依然有增加的趋势，2010 年已经达到 59.20%。

表 5.3　　　　　　1996~2006 年中国制造业各行业出口份额的变化　　　单位:%

行业	1996 年	1997 年	1998 年	1999 年	2000 年	2001 年	2002 年	2003 年	2004 年	2005 年	2006 年
食品、烟草及饮料制造业	4.64	3.52	3.22	3.05	2.77	2.85	2.66	2.21	1.96	1.81	1.73
纺织业	11.08	10.46	9.63	9.19	8.65	8.29	8.17	7.75	6.97	6.64	6.09
服装业	22.91	24.06	22.56	21.20	19.34	18.05	16.41	14.99	12.89	11.99	11.93
皮革、毛皮、羽绒及制品业	0.40	0.38	0.41	0.40	0.45	0.65	0.58	0.50	0.47	0.40	0.36
造纸及纸制品业	0.72	0.73	0.72	0.62	0.73	0.71	0.65	0.64	0.57	0.61	0.65
石油加工及炼焦业	5.43	5.29	3.89	3.28	4.21	4.14	3.35	3.20	3.02	2.85	2.22
化学原料及化学制品制造业	8.12	7.74	7.75	7.31	6.49	6.58	6.09	5.64	5.49	5.78	5.57
医药制造业	1.39	1.16	1.27	1.18	0.96	0.97	0.92	0.82	0.67	0.61	0.56
橡胶制品业	0.66	0.62	0.68	0.76	0.77	0.73	0.72	0.67	0.73	0.82	0.87
非金属矿物制造业	3.02	3.03	2.84	2.80	2.52	2.39	2.44	2.22	2.15	2.21	2.18
黑色金属冶炼及压延业	3.32	3.38	2.47	1.87	2.35	1.55	1.32	1.39	2.89	3.12	4.07
有色金属冶炼及压延业	1.52	1.94	1.94	1.94	1.80	1.64	1.52	1.57	1.93	1.77	2.28
金属制品业	4.49	4.64	4.91	4.92	4.65	4.72	4.69	4.32	4.35	4.42	4.44
机械、电气、电子设备制造业	32.31	33.07	37.71	41.47	44.30	46.74	50.46	54.08	55.90	56.96	57.06

资料来源:食品、饮料、烟草数据来源于中经网 HS 分类的第四类数据,其他来自联合国贸易数据库。

我们结合制造业各行业历年的污染强度和进出口额数据,考察中国出口对环境的结构效应变化(见表5.4)。为了更清晰地反映出中国贸易变化所带来的结构效应，我们对 1996～1998 年和 2004～2006 年的出口贸易取平均值进行比较。通过表 5.4 中的出口份额变化项可以看出，中国制造业中的绝大多数行业的出口份额都有不同程度的下降，下降幅度较大的是服装业（－10.91%）、纺织业（－3.83%）、化学原料及化学制品制造业（－2.25%），以及食品、烟草及饮料制造业（－1.96%）等，而黑色金属冶炼及压延业、有色金属冶炼及压延业，以及机械、电气、电子设备制造业的出口份额都有不同程度的上升，以机械、电气、电子设备制造业最为显著，出口增加份额达到 22.28%。由中国制造业各行业的污染强度可以看出，2006年中国排在前五位的污染密集型行业依次为：黑色金属冶炼及压延业、有色金属冶炼及压延业、非金属矿物制造业、造纸及纸制品业、化学原料及化学制品制造业。因此，表 5.4 中的结果显示贸易自由化既增加了中国污染密集型产业的出口，比如黑色金属冶炼及压延业和有色金属冶炼及压延业，同时也促进了中国较为清洁产业的出口，如机械、电气、电子设备制造业。这种双重结果与加工贸易有关。中国加工贸易多集中在机械、电气、电子设备制造业，加工贸易属于产业内贸易，对环境的作用机制有其自身特点。如果不考虑这一行业，这说明贸易自由化使中国污染密集型产业出口增加，虽然所占比重相对较低，但是由于其污染强度居于各行业之首，所以对环境造成的负面影响不容小觑。机械、电气、电子设备制造业虽然污染强度低，但是由于出口额较大，对中国环境也会造成很大负面影响。要全面衡量中国制造业各行业出口贸易额的变化给环境带来的效应，还需对各个行业的出口与污染强度进行加权计算后的结果进行比较。

表 5.4   中国制造业各行业出口贸易对环境的结构效应

行业	1996~1998 年（平均）		2004~2006 年（平均）		出口份额的变化（%）	污染强度（吨/百万元）	总排放量的变化（万吨）
	价值（亿美元）	份额（%）	价值（亿美元）	份额（%）			
	(1)	(2)	(3)	(4)	(5)	(6)	(7)
食品、烟草及饮料制造业	46.72	3.79	114.70	1.83	-1.96	25.72	-52.68
纺织业	129.19	10.39	410.54	6.56	-3.83	16.43	-65.63
服装业	289.62	23.18	771.36	12.27	-10.91	8.21	-93.49
皮革、毛皮、羽绒及制品业	4.97	0.40	25.50	0.41	0.01	12.06	0.18
造纸及纸制品业	9.03	0.72	38.95	0.61	-0.11	120.86	-14.37
石油加工及炼焦业	60.31	4.87	166.24	2.70	-2.17	14.96	-33.89
化学原料及化学制品制造业	98.08	7.87	355.54	5.62	-2.25	111.68	-262.87
医药制造业	15.82	1.27	38.33	0.62	-0.66	23.17	-15.92
橡胶制品业	8.13	0.65	51.84	0.81	0.16	23.54	3.84
非金属矿物制造业	36.96	2.96	137.96	2.18	-0.78	81.56	-66.84
黑色金属冶炼及压延业	37.95	3.06	218.92	3.36	0.30	356.86	112.41
有色金属冶炼及压延业	22.69	1.80	128.16	1.99	0.19	237.79	48.35

续表

行业	1996~1998 年（平均）		2004~2006 年（平均）		出口份额的变化（%）	污染强度（吨/百万元）	总排放量的变化（万吨）
	价值（亿美元）	份额（%）	价值（亿美元）	份额（%）			
	(1)	(2)	(3)	(4)	(5)	(6)	(7)
金属制品业	58.58	4.68	279.22	4.41	-0.27	16.61	-4.73
机械、电气、电子设备制造业	430.79	34.36	3589.46	56.64	22.28	8.75	203.55
合计	1248.83	100.00	6326.69	100.00			-242.09

资料来源：历年《中国环境年鉴》《中国工业经济统计年鉴》《中国统计年鉴》。

　　贸易对环境的结构效应是保持污染强度和出口规模不变的条件下，制造业各行业的出口份额的变化给环境带来的影响。根据公式

$$\frac{\sum (\varphi_t - \varphi_{t-1}) \times e_{t-1} \times export_{t-1}}{\sum \varphi_{t-1} \times e_{t-1} \times export_{t-1}}$$ 可以得出中国出口贸易对环境的结构

效应为 -6.29% 。

　　通过计算各行业的总排放量的变化也可以看出，在研究的 14 个制造业行业中，大部分行业出口的总排放量的变化都为负，使得中国出口贸易对环境的总体结构效应为正，对中国环境质量的改善起到一定的积极作用。

三、出口贸易对环境影响的技术效应

　　对外开放使得国外先进的环保技术通过外商投资或技术引进的方式得以在国内实施，同时，通过与发达国家生产技术和环境质量

的比较，中国环境保护的意识也不断增强。随着近年来社会各界对环境的重视，国家正在制定一系列政策，对环境污染加强治理。中国环保总局逐步采取措施如提高对新建工业项目的环境标准，关闭污染严重的工业企业，引入排污费等，以便有效控制工业污染。《第十一届全国人大五次会议政府工作报告》中指出，2011 年，中国清洁能源发电装机达到 2.9 亿千瓦，比上年增加 3356 万千瓦。加强重点节能环保工程建设，新增城镇污水日处理能力 1100 万吨，5000 多万千瓦新增燃煤发电机组全部安装脱硫设施。加大对高耗能、高排放和产能过剩行业的调控力度，淘汰落后的水泥产能 1.5 亿吨、炼铁产能 3122 万吨、焦炭产能 1925 万吨。由于采取了有效措施，中国各制造行业的污染强度有了较大程度的下降（见表 5.5）。

表 5.5　　　　　中国制造业各行业出口贸易对环境的技术效应

行业	1996～1998 年（平均）		污染强度（吨/百万元）		e 的变化百分比（%）	污染强度变化值（吨/百万元）	总排放量的变化（万吨）*
	价值（亿美元）	份额（%）	1996～1998 年	2004～2006 年			
	(1)	(2)	(3)	(4)	(5)	(6)	(7)
食品、烟草及饮料制造业	46.72	3.79	21.40	9.70	-54.70	-11.71	-45.96
纺织业	129.19	10.39	16.71	15.52	-7.16	-1.20	-12.88
服装业	289.62	23.18	8.35	6.54	-21.75	-1.82	-43.62
皮革、毛皮、羽绒及制品业	4.97	0.40	9.77	6.04	-38.20	-3.73	-1.55

续表

行业	1996～1998 年（平均）		污染强度（吨/百万元）		e 的变化百分比（%）	污染强度变化值（吨/百万元）	总排放量的变化（万吨）*
	价值（亿美元）	份额（%）	1996～1998 年	2004～2006 年			
	(1)	(2)	(3)	(4)	(5)	(6)	(7)
造纸及纸制品业	9.03	0.72	119.18	49.55	−58.42	−69.63	−51.93
石油加工及炼焦业	60.31	4.87	23.92	15.18	−36.55	−8.74	−44.11
化学原料及化学制品制造业	98.08	7.87	101.63	53.93	−46.93	−47.70	−388.82
医药制造业	15.82	1.27	20.36	9.46	−53.53	−10.90	−14.34
橡胶制品业	8.13	0.65	20.11	8.17	−59.39	−11.94	−8.04
非金属矿物制造业	36.96	2.96	106.21	75.91	−28.53	−30.30	−92.89
黑色金属冶炼及压延业	37.95	3.06	359.80	155.81	−56.70	−203.99	−646.59
有色金属冶炼及压延业	22.69	1.80	216.01	105.63	−51.10	−110.38	−205.81
金属制品业	58.58	4.68	12.56	3.57	−71.60	−8.99	−43.58
机械、电气、电子设备制造业	430.79	34.36	7.90	2.44	−69.16	−5.46	−194.45
合计	1248.83	100.00					−1794.55

注：* 技术效应引起的污染排放量的变化＝基年各行业进出口份额 × 污染强度变化值 × 总出口额 × 汇率。

资料来源：历年《中国环境年鉴》《中国工业经济统计年鉴》《中国统计年鉴》。

表 5.5 表示中国制造业各行业出口贸易对环境的技术效应。由中国 1996～1998 年和 2004～2006 年两个时间段的出口平均值的变化百分比可以看出，食品、烟草及饮料制造业，造纸及纸制品业，医药制造业，橡胶制品业，黑色金属冶炼及压延业，有色金属冶炼及压延业，金属制品业，机械、电气、电子设备制造业的下降幅度都超过了 50%，其中，占中国出口份额最大的机械、电气、电子设备制造业的下降幅度高达 69.16%。根据公式 $\dfrac{\sum (e_t - e_{t-1}) \times export_{t-1}}{\sum e_{t-1} \times export_{t-1}}$

可以计算出中国制造业各行业出口贸易对环境产生的技术效应为 −47.22%，结合总排放量的变化可以看出，由于技术的提高，出口贸易的增加使得总污染排放量有所降低，有利于环境质量的提高。

四、出口贸易对环境的规模效应

表 5.6 表示中国制造业各行业出口贸易对环境的规模效应。出口贸易对环境的规模效应即是出口贸易总出口额在 2004～2006 年和 1996～1998 年两个时间段的变化，即 406.6%。根据总出口额的变化和总污染排放量的变化可以看出，伴随着中国外贸出口额的增加，中国制造业各行业的总污染排放量迅速增加，给环境带来了极大的负面效应，是中国污染排放水平增加的主要原因。

表 5.6　　　　　中国制造业各行业出口贸易对环境的规模效应

行业	1996～1998 年（平均）		2004～2006 年（平均）		总出口额的变化（%）	污染强度（吨/百万元）	总排放量的变化（万吨）
	价值（亿美元）	份额（%）	价值（亿美元）	份额（%）			
	(1)	(2)	(3)	(4)	(5)	(6)	(7)
食品、烟草及饮料制造业	46.72	3.79	114.70	1.83		25.72	410.56
纺织业	129.19	10.39	410.54	6.56		16.43	718.98
服装业	289.62	23.18	771.36	12.27		8.21	801.53
皮革、毛皮、羽绒及制品业	4.97	0.40	25.50	0.41		12.06	20.32
造纸及纸制品业	9.03	0.72	38.95	0.61		120.86	366.51
石油加工及炼焦业	60.31	4.87	166.24	2.70		14.96	306.85
化学原料及化学制品制造业	98.08	7.87	355.54	5.62	406.6	111.68	3701.82
医药制造业	15.82	1.27	38.33	0.62		23.17	123.94
橡胶制品业	8.13	0.65	51.84	0.81		23.54	64.44
非金属矿物制造业	36.96	2.96	137.96	2.18		81.56	1016.80
黑色金属冶炼及压延业	37.95	3.06	218.92	3.36		356.86	4599.23
有色金属冶炼及压延业	22.69	1.80	128.16	1.99		237.79	1802.73
金属制品业	58.58	4.68	279.22	4.41		16.61	327.40
机械、电气、电子设备制造业	430.79	34.36	3589.46	56.64		8.75	14261.12
合计	1248.83	100.00	6326.69	100.00			14261.12

资料来源：历年《中国环境年鉴》《中国工业经济统计年鉴》《中国统计年鉴》。

第四节 进口贸易的环境效应

对于进口贸易的环境效应，主要从进口贸易的结构效应和规模效应的角度来考虑，因为国外产品出口贸易的技术效应不便于计算，我们假设进口产品与中国出口产品的污染排放强度是一致的。在此基础上，对进口贸易的环境效应做进一步的分析。

一、进口贸易对环境影响的结构效应

从中国1996~2006年制造业各行业进口份额的变化（见表5.7）中可以看出，中国进口所占比重最大的行业是机械、电气、电子设备制造业，1996年就已经达到14个制造业行业进口总额的48.86%，之后一直呈增长趋势，到2006年达到57.20%。其中五个污染密集型行业中除了有色金属冶炼及压延业的进口比重有所增加外，造纸及纸制品业、化学原料及化学制品制造业、非金属矿物制造业和黑色金属冶炼及压延业都有不同程度的下降。这说明中国进口产品也变得越来越清洁，同时也反映了中国政府治理环境的决心，对内加快产业结构调整步伐，减少污染密集型产品的生产，对外减少污染密集型产品的进口，严防国外污染密集型产品进口给中国环境带来的破坏。另外，中国机械、电气、电子设备制造业无论出口和进口所占比重都较大，而且呈现逐年增加的趋势，这与中国加工贸易发达有密切关系，也反映了中国在国际分工中所处的地位，在国际产业加速转移的过程中，中国在劳动密集型产品的加工生产上具有优势，因此，承接了

单位:%

表 5.7　　1996~2006 年制造业各行业进口份额的变化

行业	1996年	1997年	1998年	1999年	2000年	2001年	2002年	2003年	2004年	2005年	2006年
食品、烟草及饮料制造业	0.41	0.22	0.09	0.06	0.11	0.13	0.10	0.09	0.07	0.07	0.07
纺织业	10.69	10.64	9.59	8.04	6.90	6.27	5.31	4.21	3.45	3.00	2.62
服装业	0.93	0.97	0.93	0.80	0.64	0.64	0.55	0.42	0.35	0.32	0.28
皮革、毛皮、羽绒及制品业	1.91	1.94	1.72	1.50	1.34	1.26	1.09	0.90	0.81	0.72	0.70
造纸及纸制品业	2.48	2.80	2.94	2.75	2.02	1.72	1.60	1.24	0.98	0.79	0.63
石油加工及炼焦业	6.14	8.94	5.86	6.47	11.10	8.71	7.84	8.65	10.83	12.37	14.26
化学原料及化学制品制造业	16.15	16.74	17.44	17.45	16.26	16.01	15.87	14.52	14.78	15.04	13.95
医药制造业	0.31	0.29	0.46	0.60	0.51	0.61	0.58	0.51	0.43	0.45	0.43
橡胶制品业	0.27	0.28	0.28	0.41	0.31	0.33	0.33	0.40	0.40	0.37	0.48
非金属矿物制品业	1.09	1.15	1.22	1.25	1.29	1.25	1.23	1.11	1.08	1.00	0.98
黑色金属冶炼及压延业	6.46	5.78	5.62	5.44	5.21	5.36	5.53	6.53	5.28	5.10	3.46
有色金属冶炼及压延业	2.68	2.76	3.00	3.42	3.63	3.10	3.06	3.01	3.20	3.31	3.65
金属制品业	1.62	1.71	1.65	1.39	1.21	1.23	1.23	1.27	1.28	1.26	1.29
机械、电气、电子设备制造业	48.86	45.78	49.19	50.43	49.46	53.37	55.69	57.15	57.07	56.20	57.20

资料来源：历年《中国环境统计年鉴》《中国工业经济统计年鉴》《中国统计年鉴》。

国外大量的加工制造环节，同时跨国公司的发展使得产业内贸易发展迅速，中间产品大量从国外进口，造成了中国当前机械、电气、电子设备制造业的进出口在中国所占比重很大。进口贸易对环境的结构效应及由此导致的总污染排放量的变化见表5.8。

由表5.8可知，1996~1998年中国制造业各行业进口贸易的加权污染强度为58.62吨/百万元，2004~2006年进口贸易的加权污染强度为50.49吨/百万元，降低了8.13吨/百万元。另外，根据公式

$$\frac{\sum (\varphi_t - \varphi_{t-1}) \times e_{t-1} \times import_{t-1}}{\sum \varphi_{t-1} \times e_{t-1} \times import_{t-1}}$$ 计算出的进口贸易的结构效应为

-13.87%，说明中国趋向进口国外较为清洁的产品，这与中国多年来一直倡导的进口国外先进技术设备、关键零部件的政策是一致的，这些产品的进口一方面提高了中国生产技术水平，另一方面也避免了在国内生产造成的环境污染，有利于中国环境质量的改善。

表5.8　　　　　中国制造业各行业进口贸易对环境的结构效应

行业	1996~1998年（平均）		2004~2006年（平均）		进口份额的变化（%）	污染强度（吨/百万元）	总排放量的变化（万吨）
	价值（亿美元）	份额（%）	价值（亿美元）	份额（%）			
食品、烟草及饮料制造业	2.72	0.24	3.80	0.07	-0.17	25.72	-4.11
纺织业	117.76	10.31	157.22	3.02	-7.28	16.43	-113.43
服装业	10.78	0.94	16.32	0.31	-0.63	8.21	-4.90
皮革、毛皮、羽绒及制品业	21.21	1.86	38.94	0.74	-1.11	12.06	-12.73
造纸及纸制品业	31.35	2.74	41.27	0.80	-1.94	120.86	-222.08

行业	1996～1998 年（平均）		2004～2006 年（平均）		进口份额的变化（%）	污染强度（吨/百万元）	总排放量的变化（万吨）
	价值（亿美元）	份额（%）	价值（亿美元）	份额（%）			
石油加工及炼焦业	79.86	6.98	669.80	12.49	5.51	14.96	78.12
化学原料及化学制品制造业	191.87	16.78	767.52	14.59	−2.19	111.68	−232.05
医药制造业	4.05	0.35	23.08	0.44	0.08	23.17	1.82
橡胶制品业	3.15	0.28	22.14	0.41	0.14	23.54	3.09
非金属矿物制造业	13.20	1.15	53.64	1.02	−0.13	81.56	−10.25
黑色金属冶炼及压延业	67.98	5.95	237.82	4.61	−1.34	356.86	−453.24
有色金属冶炼及压延业	32.19	2.81	180.17	3.39	0.57	237.79	128.68
金属制品业	18.98	1.66	67.43	1.28	−0.38	16.61	−6.03
机械、电气、电子设备制造业	547.94	47.94	3001.10	56.82	8.88	8.75	73.65
合计	1143.05	100.00	5280.23	100.00			−773.45

资料来源：历年《中国环境年鉴》《中国工业经济统计年鉴》《中国统计年鉴》。

二、进口贸易对环境的技术效应

由于相应数据的缺失，对于进口污染强度的测算我们假设进口品与国产品具有相同的生产技术水平，这种"替代效应"的办法不可避免会给技术效应的测算带来一定程度的偏差。而相对于中国的主要贸易伙伴如欧盟、美国、日本、韩国等经济发达体和新兴经济体，中国的生产技术相对落后，这势必使得中国外贸引起的技术效应被低估。表5.9列出了中国制造业各行业进口贸易对环境的技术效应。

表5.9　　　　　中国制造业各行业进口贸易对环境的技术效应

行业	1996~1998年（平均）		污染强度（吨/百万元）		e 的变化百分比（%）	污染强度变化值（吨/百万元）	总排放量的变化（万吨）
	价值（亿美元）	份额（%）	1996~1998年	2004~2006年			
	（1）	（2）	（3）	（4）	（5）	（6）	（7）
食品、烟草及饮料制造业	2.72	0.24	21.40	9.70	-54.70	-11.71	-2.66
纺织业	117.76	10.31	16.71	15.52	-7.16	-1.20	-11.70
服装业	10.78	0.94	8.35	6.54	-21.75	-1.82	-1.62
皮革、毛皮、羽绒及制品业	21.21	1.86	9.77	6.04	-38.20	-3.73	-6.58
造纸及纸制品业	31.35	2.74	119.18	49.55	-58.42	-69.63	-180.88
石油加工及炼焦业	79.86	6.98	23.92	15.18	-36.55	-8.74	-57.86
化学原料及化学制品制造业	191.87	16.78	101.63	53.93	-46.93	-47.70	-758.81
医药制造业	4.05	0.35	20.36	9.46	-53.53	-10.90	-3.62
橡胶制品业	3.15	0.28	20.11	8.17	-59.39	-11.94	-3.17
非金属矿物制造业	13.20	1.15	106.21	75.91	-28.53	-30.30	-33.03
黑色金属冶炼及压延业	67.98	5.95	359.80	155.81	-56.70	-203.99	-1150.76
有色金属冶炼及压延业	32.19	2.81	216.01	105.63	-51.10	-110.38	-294.08

续表

行业	1996~1998 年（平均）		污染强度（吨/百万元）		e 的变化百分比（％）	污染强度变化值（吨/百万元）	总排放量的变化（万吨）
	价值（亿美元）	份额（％）	1996~1998 年	2004~2006 年			
	(1)	(2)	(3)	(4)	(5)	(6)	(7)
金属制品业	18.98	1.66	12.56	3.57	-71.60	-8.99	-14.15
机械、电气、电子设备制造业	547.94	47.94	7.90	2.44	-69.16	-5.46	-248.32
合计	1143.05	100.00					-2767.23

资料来源：历年《中国环境年鉴》《中国工业经济统计年鉴》《中国统计年鉴》。

根据公式 $\dfrac{\sum (e_t - e_{t-1}) \times import_{t-1}}{\sum e_{t-1} \times import_{t-1}}$ 计算出的进口贸易的技术效

应为 -51.34%，该数值越大，说明国外生产相同产品所使用的技术对环境污染越小。同样，制造业各行业进口贸易由于技术变化所产生的总污染排放量也有很大幅度下降。

三、进口贸易对环境的规模效应

表 5.10 表示中国制造业各行业进口贸易对环境的规模效应，按照计算出口贸易规模效应的方法，同样可以计算出进口贸易规模效应为 361.94%，由于进口规模的扩大带来的污染排放量总值为 20116.84 万吨，比出口规模扩大带来的污染排放量总值 14261.12 万吨还要大，因此进口规模的扩大可以为国内带来先进的生产技术和设备，提高国内环保水平，另外也可以通过进口，减少国内过度生产带来的环境压力，对国内环境的改善有积极作用。

表 5.10　　　　　中国制造业各行业进口贸易对环境的规模效应

行业	1996～1998 年（平均）		2004～2006 年（平均）		总进口额的变化（%）	污染强度（吨/百万元）	总排放量的变化（万吨）
	价值（亿美元）	份额（%）	价值（亿美元）	份额（%）			
食品、烟草及饮料制造业	2.72	0.24	3.80	0.07		25.72	21.18
纺织业	117.76	10.31	157.22	3.02		16.43	581.28
服装业	10.78	0.94	16.32	0.31		8.21	26.48
皮革、毛皮、羽绒及制品业	21.21	1.86	38.94	0.74		12.06	76.97
造纸及纸制品业	31.35	2.74	41.27	0.80		120.86	1136.38
石油加工及炼焦业	79.86	6.98	669.80	12.49		14.96	358.32
化学原料及化学制品制造业	191.87	16.78	767.52	14.59	361.94	111.68	6430.68
医药制造业	4.05	0.35	23.08	0.44		23.17	27.83
橡胶制品业	3.15	0.28	22.14	0.41		23.54	22.62
非金属矿物制造业	13.20	1.15	53.64	1.02		81.56	321.86
黑色金属冶炼及压延业	67.98	5.95	237.82	4.61		356.86	7286.25
有色金属冶炼及压延业	32.19	2.81	180.17	3.39		237.79	2292.92
金属制品业	18.98	1.66	67.43	1.28		16.61	94.62
机械、电气、电子设备制造业	547.94	47.94	3001.10	56.82		8.75	1439.45
合计	1143.05	100.00	5280.23	100.00			20116.84

资料来源：历年《中国环境年鉴》《中国工业经济统计年鉴》《中国统计年鉴》。

第五节　进出口贸易的环境效应比较

　　研究一国对外贸易的环境效应，不能片面地只考虑出口贸易对环境的影响或者只考虑进口贸易对环境的影响，只有将二者结合起来，才能对贸易的环境效应有一个全面、客观、公正的评价。贸易含污量表示进出口产品在生产过程中由于使用和消耗一定的自然资源而对环境造成的损害程度，用出口加权污染强度（E_x）和进口加权污染强度（E_m）的比值来表示。如果 $E_x/E_m > 1$，即一国出口污染加权强度大于进口污染加权强度，表示一国的全面出口比该国的全面进口更加污染密集，意味着该国用高环境成本的出口来换取低环境成本的进口，在贸易平衡的条件下，该国将环境污染通过出口的形式留在了国内，不利于本国环境质量的改善。相反，如果 $E_x/E_m < 1$，即一国出口污染加权强度小于进口污染加权强度，表示一国的全面进口比该国的全面出口更加污染密集，意味着该国用低环境成本的出口来换取高环境成本的进口，在贸易平衡的条件下，该国将环境污染通过进口的形式留在了国外，有利于本国环境质量的改善。

　　表 5.11 是对进出口贸易环境效应分析的汇总，据此可以得出以下几种观点：

表 5.11　　　　　　　　　进出口贸易的环境效应比较

项目	加权污染强度（吨/百万元）		结构效应（%）	技术效应（%）	规模效应（%）	总效应（%）
	1996~1998 年	2004~2006 年				
出口	36.87	34.55	-6.29	-47.22	406.6	353.09
进口	58.62	50.49	-13.87	-51.34	361.94	296.72
出口/进口	0.63	0.68	0.45	0.92	1.12	1.19

（1）进口贸易对中国环境质量的改善有促进作用，同时进口结构调整速度高于同期出口结构调整速度。1996～1998年出口加权污染强度为36.87吨/百万元，而同一时期进口加权污染强度为58.62吨/百万元，出口加权污染强度小于进口加权污染强度，即贸易含污量小于1，2004～2006年出口加权污染强度仍旧低于同时期进口加权污染强度，说明中国通过进口国外污染密集型产品，将本国沉重的环境压力转移到国外，对本国环境质量的改善是有利的。同时通过对不同时期进出口贸易的结构效应进行比较可以看出，出口的结构效应为－6.29%，而进口贸易的结构效应为－13.87%，进出口贸易通过结构调整都对环境产生了有利的影响，都有利于环境污染水平的降低，但是，可以看出，出口结构调整速度相对于进口结构调整速度较慢，以至于对改善环境所起到的作用较小。进口贸易在研究时间段内的结构调整速度较快，这与中国多年来一直强调的通过引进国外先进技术设备和高科技产品来提高国内水平有很大关系。

（2）进出口贸易对环境结构效应和技术效应都为负，规模效应都为正，总效应为正。表5.11反映了2004～2006年污染物排放相对于1996～1998年污染物排放的变化及进出口增长对环境的总效应。数据表明，尽管中国在控制工业废水、工业废气和工业固体废弃物方面做了很大努力，负的结构效应和技术效应使得污染排放水平有了较大幅度的下降，但是这两种负的效应都被较大的规模正效应所抵消。但是进出口贸易对环境所带来的总效应对中国环境质量的影响是不一样的。出口贸易对环境的总效用为正，说明出口贸易增加了污染排放总量，对国内环境带来了一定的负面影响，而进口贸易同样对环境的总效应为正，反映的问题恰恰相反，说明通过进口产品，把本应在国内生产对环境造成的污染转移到国外，对中国环境的改善以及经济的长期可持续发展都是有利的。

（3）出口贸易相对于进口贸易对环境污染更严重。通过前面的分析可以看出，机械电子等产品在出口中占据很大比重，该行业的产品污染强度相对较低，因此出口结构得以不断优化，各行业的污染强度也都有很大幅度下降，技术效应对环境的改善也有很好的促进作用，但所有这些远远低于规模的快速增加对环境带来的负面效应，导致出口带来的各类污染物排放量持续增长。出口的规模效应为406.6%，而进口的规模效应为361.94%，比值大于1，而出口的结构效应与进口的结构效应相比较，其值小于1，这说明出口规模相对进口规模增长过快，但出口结构优化赶不上进口结构调整速度，使得出口产品结构中污染密集型产品的比重相对于进口产品不断上升。同时出口贸易中技术所起的作用不如进口贸易，尤其是我们假设进口品与国产品具有相同的生产技术水平，而中国的主要贸易伙伴是欧盟、美国、日本、韩国等经济发达国家，与这些国家相比，中国的环保生产技术还有很大差距。这种"替代效应"的办法不可避免会使技术效应的测算结果偏低。如果考虑到这一点，进口所产生的技术效应值会更大。

（4）对部分污染强度高的关键产业部门和部分污染物加强管理和限制。根据以上的分析，造纸及纸制品业对于水的污染较为严重，化学需氧量的污染强度为 5.383 吨/百万元，远远高于制造业其他各行业。非金属矿物制造业在工业二氧化硫、工业烟尘、工业粉尘和工业固体废物的排放上都具有较高的污染强度。黑色金属冶炼及压延业在工业固体废物的排放上具有较高的污染强度。高污染行业在中国出口中所占比重正逐年下降，对这部分高污染行业可以加大环境规制力度，而对于中国具有比较优势的行业如机械、电气、电子设备制造业等，由于其污染强度比较低，可以继续发挥中国的比较优势，不能采取过于严格的环境规制政策，针对不同行业实施不同的政策，就能很好地处理贸易增长和环境污染之间的矛盾，保证我们在获得贸易利益的同时实现污染排放的降低。因此，分析结果对中国制定环境政策具有重要意义，根据制造业各行业污染强度的不同可以采取不同的对策。

（5）增加对污染强度高、生产技术效率低的产品的进口。对污染严重行业除了加强环境监管，增加减污投入外，还可以通过进口的方式解决环境污染问题。以造纸业为例，中国的造纸业过去主要依靠国内资源来生产，一方面加剧了对中国稀缺林木资源的消耗，另一方面在制浆过程中产生大量高浓度有机废水，严重污染水体。当然考虑到就业和经济的发展，短期内直接取缔也是不太现实。为此，我们可以采取一个两全的办法，从那些林木资源丰富、人口压力小、不易大量办厂却拥有先进污染治理技术的国家进口纸浆，然后由中国小企业进行加工，结果是双方都取得了很好的经济效益，既减少了中国高额的贸易顺差，又降低了中国污染排放水平，同时也没有将更多的污染转移到其他国家，有利于世界整体福利水平的提高。

第六章　环境规制对中国污染密集型产品出口的影响

——基于跨国面板数据的研究

第一节　环境规制与贸易模式

改革开放以来，在"出口导向型"的发展模式下，劳动密集型产品在中国出口中一直占据优势，但随着经济的发展，劳动力成本的上升，劳动密集型产品的比较优势会不断降低，与此同时，中国资本数量不断增加，资本密集型产品的比较优势不断增强，科尔（2004）认为，产业的资本密集度与其污染排放强度高度相关。因此，劳动密集型产业往往意味着是"清洁产业"，资本密集型产业则是污染密集型产业。污染密集型产业是指在生产过程中如果不加以治理会直接或间接产生大量污染物的产业。其产业特征是：产出过程产生大量污染物，对生态环境及人类与生物的危害较大；生产技术和过程较复杂，运行过程对工人安全和健康产生威胁；处理和污染防治有一定难度，所需费用很大，需要大量的资本、技术和管理资源来建立合理的污染防治和处理系统；是环境管制政策和法规关注的重点。随着中国资本密集型产品比较优势的增强，中国污染密集型产品的比较优势也在不断增强。

中国目前正处于高耗能、高污染的经济发展阶段，随着中国劳动力成本的不断增加，劳动密集型产品逐渐丧失比较优势，那么下一步什么产业会取代劳动密集型产业成为中国的比较优势产业？中国的环境管制相对宽松，这种宽松的环境管制对中国污染密集型产品的发展会带来什么样的影响？中国今后是否会专业化于污染密集型产业的发展，是否会成为"污染天堂"？研究中国环境规制与污染密集型产品贸易之间的关系，有利于明确今后中国在全球中的分工地位以及为是否成为"污染天堂"提供理论依据。

有关环境规制对贸易的影响主要有两种观点：一种是"污染天堂假说"，是以 H－O 要素禀赋学说为理论基础的。该假说认为如果一国环境资源较为丰富，即一国环境规制较为宽松，则该国在污染密集型产品上具有比较优势，因此，该国应该专业化生产和出口污染密集型产业（Siebert，1980；McGuire，1982；Baumol and Oates，1988；Brander and Taylor，1997 等）。另一种是"波特假说"，波特和林德（1995）基于熊彼特（Schumpeter，1947）的创新理论，对"污染天堂假说"提出质疑，首创性地提出环境规制可能产生正外部性的思想。该学说主张新的较严格的环境规制将带来更多的创新活动，只要新的环境管制标准是建立在激励基础之上的，且受规制的厂商能够适应新的环境标准积极进行创新活动，那么较严格的环境规制就能够提升厂商的国际竞争力。伊利莎特和弗雷德里克森（Eliste and Fredriksson，1998）认为高质量环境需求的增加会引起税收和补贴政策发生变化，进而可能导致出口增加和进口减少，该国国际竞争力反而增强。对于这两种学说，大量学者采用不同方法，从不同角度进行了实证检验，检验结果与理论预期并不完全一致。卡尔特（1988）基于 H－O 模型理论，运用 1977 年美国的截面数据来研究美国的环境规制政策是否会影响本国产业竞争力。研究认为 1977 年美国减污成本对两位数划分的产业的净出口有正效应，但如果剔除自然资源部门这一效应为负，剔除化工产业后，负效应会更显著。托比（1990）采用 HOV 模型，检验了环境规制对 23 个国家的 5 个污染密集型产业贸易模式的影响。统计结果显示，在严格的环境政策和污染密集型产品净出口之间没有明显的线性关系。他还通过计算当代表国家环境禀赋的变量不包含在 HOV 模型中时的回归剩余偏差，检验了环境政策对贸易模式的影响，得出结论认为环境政策对世界贸易模式的影响并不显著。比尔斯和范登伯格（Beers and Vandenbergh，1996）认为双边贸易量取决于国家规模大小和地理距离，在引力模型基础上增加了要素禀赋变量，得出的结论是进出口国家严格的环境政策对贸易（进口和出口）都有负面影响，环境规制对出口国家的净出口有负面影响原因很直观：严格的环境政策增加了生产成本不利于出口（和进口竞争）产业。进口国家的效应令人奇怪，进口国的严格标准应该增加而不是减少净出口。比尔斯和范登伯格（1996）对此作出解释，认为可能是由于政府采用贸易限制来保护由于环境管制严格受到损害的产业。许（2000）用同样的模型得出不同的结论，许的结论指出环境规制并不是决定污染密集型产业竞争力的决定因素，技术因素才是主要的，他的观点也间接印证了"波特假说"。格雷特尔和德摩尔（2003）研究了造纸、化学、钢铁、有色金属及其他非金属制造五个污染密集型产业，运用显示性比较优势和引力模型，认为贸易壁垒比环境规制对上述产业南北贸易流影响更大。科斯坦蒂尼和弗朗西斯科（2008）运用引力模型对世界 20 个出口国、148 个进口国建立面板数据，分析了环境规制对能源技术领域的影响，认为严格的环境规制有利于能源技术产品的出口，得出的结论支持"波特假说"。随着全球对环境的日益重视，中国也有很多学者开始关注环境规制与贸易模式之间的关系。赵细康（2003）运用国际贸易标准分类（SITC）的四分位数据，对 1980 ~ 1999 年世界、美国和中国的贸易数据进行 RCA 计算，认为环境规制强度不是影响产业国际竞争力大小的决定因素。李慕菡（2005）采用托比的污染产业划分方法，考察中国对美国 1978 ~ 2000 年国际贸易标准分类的四分位污染产品的双边贸易数据，通过对中国污染产品的对外贸易进出口额标准化处理后的贸易差额和贸易份额的计量，得出的结论是基于国际贸易的跨境污染转移是存在的。傅京燕（2009）利用时间序列数据分析中国贸易自由化过程中贸易模式的变动，所得结论是"污染天堂假说"在中国不成立，相对于资本积累、劳动力投入而言，环境规制宽松度对产业竞争力的影响有限。陆旸（2009）采用 2005 年 95 个国家的总样本和 42 个国家的子样本，在 HOV 模型基础上进行了经验分析，结果表明政府通过降低环境规制水平以获得污染密集型商品比较优势的做法是不可取的，相反，适度地提高环境规制水平却可以获得污染密集型商品的出口竞争优势。

通过对已有文献的分析，可以看出环境规制对一国贸易的影响无论是从理论上还是从实证上得出的结论都是不确定的。这与所依据的理论基础和实证采用的方法以及环境规制指标的选择都有很大关系。另外，已有文献对发达国家的研究相对较多，发展中国家由于环境指标等数据的缺乏以及对环境问题重视程度不足等原因使得这方面的研究相对较少，已有的一些对发展中国家的研究无论是从理论还是实证上都还比较零散，缺乏系统深入的研究。中国是一个发展中贸易大国，中国的经济发展在发展中国家中具有一定的代表性，研究环境规制对中国污染密集型出口的影响无论对于中国还是其他发展中国家都很有必要。

第二节　环境规制与污染密集型产品出口关系的理论模型

传统的赫克歇尔—俄林理论认为一国贸易模式由该国相对要素禀赋决定。因此，环境要素相对丰裕的国家应该出口污染密集型商品，环境要素相对稀缺的国家则倾向于进口这些商品。一国环境资源禀赋毫无疑问是给定的，但它是政治活动的结果，该政治活动决定了经济活动中环境资源的使用量。如齐齐尔尼斯基（1997）强调拥有相似环境资源禀赋的国家有可能在经济活动中对这些资源的利用存在很大差别。决定环境资源的使用量的因素是一国政府所选择的环境政策。环境管制严格的国家环境要素相对稀缺，环境管制宽松的国家环境要素则相对丰裕。

假设经济体系中有两个国家 A 和 B，生产两种产品 X 和 Y，产品 X 在生产过程中产生污染，产品 Y 则不产生。产品 X 在生产过程中使用三种生产要素，即资本 K、劳动 L 和环境 E，此处把环境当作一种要素投入。产品 Y 在生产过程中只使用两种基本生产要素，资本 K

和劳动 L。为简化起见，假定任何企业产生的污染都会对消费者产生损害，但并不影响其他企业的生产效率。同时也假定，消费过程中不会产生污染。

假定两种产品的规模报酬不变，产品 X 和 Y 的生产函数都是递增且严格凹函数：

$$x = F(K_X, L_X, E) \tag{6.1}$$

$$y = H(K_Y, L_Y) \tag{6.2}$$

假设企业每产生一单位污染物所要付出的代价是 τ，则 $F_E(K_x, L_x, E) = \tau$，即环境的边际生产等于其边际成本。τ 值越大，代表环境管制越严格。资本和劳动的价格分别是 r 和 w，则产出 x 的总成本可以表示为：

$$C = c(r, w, \tau)x \tag{6.3}$$

其中，c 为单位成本函数。

假设生产要素不完全流动，借鉴麦圭尔（1982）中设定的单位成本函数形式：

$$c(r, w, \tau) = f(\tau)g(r, w) + h(\tau) \tag{6.4}$$

由谢波特引理（Shepard's lemma）可得：

$$K = \frac{\partial c(r, w, \tau)}{\partial r} = f(\tau)\frac{\partial g}{\partial r} \tag{6.5}$$

$$L = \frac{\partial c(r, w, \tau)}{\partial w} = f(\tau)\frac{\partial g}{\partial w} \tag{6.6}$$

由式（6.5）和式（6.6）可以知道，资本劳动比（K/L）只与资本和劳动的要素价格有关，而与环境规制程度 $f(\tau)$ 没有任何关系。因此，环境规制程度 $f(\tau)$ 相当于负的中性技术进步，即对于相同的劳动与资本投入，如果污染产业遵守环境规制，其产出就会降低，如果实行宽松的环境管制政策，该国 x 产业的产出就会增加，因此其产出公式可以表示成：

$$x = f(\tau)F(K,L) \tag{6.7}$$

X 产出的变化会使产品的相对价格发生改变，相应的贸易模式随之也可能发生改变。

如图 6.1 所示，A 国 I 曲线是实行宽松的环境政策时的生产可能性曲线，生产点是 Q，消费点是 C，出口 X，进口 Y，在污染密集型商品 X 上具有比较优势，II 曲线是环境管制严格时的生产可能性曲线，因为实行严格的环境规制后，X 产出下降，生产可能性曲线内移，生产点是 Q^*，消费点是 C^*，出口 Y，进口 X，此时 A 国在清洁商品 Y 上具有比较优势，该结论验证了环境要素禀赋学说：环境规制宽松的国家在污染密集型商品上具有比较优势，环境规制严格的国家在清洁商品上具有比较优势。

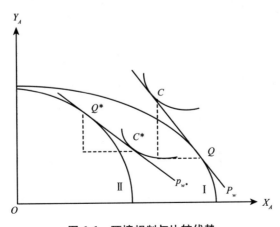

图 6.1 环境规制与比较优势

第三节　环境规制与污染密集型产品出口
关系的实证检验

一、模型设定

本章对环境要素禀赋学说的检验采用贸易引力模型。引力模型最早源于牛顿的万有引力定律，用来说明两物体间的作用力与质量、距离之间的关系。丁伯根（Tinbergen，1963）最早将其引入国际贸易领域，研究影响两国之间贸易量的决定因素，贸易引力模型的原始结构是：

$$F_{ij} = G \frac{M_i^{\alpha} M_j^{\beta}}{D_{ij}^{\gamma}} \qquad (6.8)$$

其中，F_{ij} 表示从 i 国到 j 国的贸易流量，M_i 和 M_j 表示两个国家或地区的经济规模，用国内生产总值表示，D_{ij} 是两个国家之间的距离，G 是引力系数。一般来讲，两国的国内生产总值越大，距离越近，双边贸易量就越大。因为国内生产总值反映了一国的经济实力和发展水平，而距离反映了运输成本的大小。后来不少学者对引力模型进行扩展，加入人口、汇率、是否拥有共同边界等变量，本章采用扩展的引力模型，并引入环境规制变量，以反映环境规制对两国贸易量的影响，同时对各变量取对数，经过变换后的引力模型为：

$$\ln EXP_{ijt} = \alpha + \beta_1 \ln GDP_{it} + \beta_2 \ln GDP_{jt} + \beta_3 \ln POP_{it} + \beta_4 \ln POP_{jt}$$
$$+ \beta_5 \ln DIST_{ij} + \beta_6 \ln ENVI_{it} + \beta_7 \ln ENVI_{jt} + \varepsilon_{ijt} \qquad (6.9)$$

其中，EXP_{ijt}代表 t 年 i 国向 j 国的出口值，GDP_{it} 和 GDP_{jt} 分别表示 t 年 i、j 两国的国内生产总值，POP_{it} 和 POP_{jt} 分别表示 t 年 i、j 两国的人口规模，$DIST_{ij}$ 表示 i、j 两国之间的距离。$ENVI_{it}$ 和 $ENVI_{jt}$ 分别表示 t 年 i、j 两国的环境规制程度，ε_{ijt} 是其他随机误差项。

二、变量选择和数据来源

考虑到环境规制对污染密集型产业的政策效应最为显著，因此将中国污染密集型产业的出口作为被解释变量。污染密集型产业的确定是借鉴巴斯（2004）对污染产业的分类，即污染治理和控制支出在总成本中所占比重高于 1.8% 的行业为污染密集型行业，包括工业化学行业、纸和纸浆行业、非金属矿产业、钢铁行业和有色金属行业，按国际贸易标准分类 SITC3.0 中的规定，具体是：51（有机化学）、52（无机化学）、562（工业肥料）、59（其他化学原料）、251（纸浆和废纸）、641（纸和硬纸板）、642（切割纸和纸板）、66（非金属矿产品）、67（钢和铁）、681（银和铂）、682（铜）、683（镍）、685（铅）、686（锌）、687（锡）、689（其他有色金属）。

出口对象国选用的是 2008 年中国对其出口额超过 100 亿美元的国家，包括美国、日本、韩国、德国、澳大利亚等 36 个国家，其中比利时和南非两个国家由于数据不全从样本中剔除，最终选用 1992~2007 年中国对 34 个主要贸易伙伴国污染密集型产品的出口值作为被解释变量，数据来自联合国商品贸易统计数据库（UN-comtrade）。

国内生产总值和人口规模的数据来自世界银行统计数据库（WDI）。引力模型中对于国内生产总值和人口的运用有不同版本，有的学者在引力模型中没有选用人口变量，而是选用人均 GDP 来代替，其实通过对人均 GDP 进行数学变换，与分别选用国内生产总值和人口是一样的，只是人口变量前面的符号是负值（Kalirajan and Shand，1998；Tamirisa，1998）。本章更多的是想体现引力模型的原始形式，因此还是同时采用国内生产总值和人口两个变量，虽然这两个变量可能存在多重共线性，但这对要研究的问题影响不大，因为我们主要目的是研究环境规制变量对出口的影响，所以环境规制变量的系数和符号才是我们关注的重点。另外，分别对这两个变量进行检验，可能发现隐藏于变量之后更为深刻的经济含义。

中国与其他 34 个国家之间的距离通过 http：//www. mapcrow. info 的距离计算器计算得到，采用的是中国与其他各国首都之间的直线距离。

解释变量中最关键的是环境规制指标的选择。对于环境规制变量，由于其相关数据难以获得且数据质量相对较弱，限制了许多经验研究的开展（Busse，2004；陆旸，2009 等）。目前，国内外学者主要从以下几个方面来度量环境规制：（1）环境规制政策。用环境规制政策来衡量一国环境规制强度是比较合理的，但由于环境规制政策难以量化，且各个国家标准不一，因此，该指标用得较少。（2）治污投资占企业总成本或产值的比重（Berman and Bui，2001；Lanoie et al.，2008）。（3）治理污染设施运行费用（赵红，2008；张成等，2010）。（4）人均收入水平。人均收入水平与环境规制强度之间存在高度相关性，一般而言，人均收入水平越高的国家环境管制越严格（Antweiler et al.，2001；陆旸，2009）。（5）环境规制机构对企业排污的检查和监督次数（Brunnermeier and Cohen，2003）。（6）环境规制下的污染排放量。（7）碳排放税。由于本章实证涉及的国家较多，污染治理费用数据缺失较多，而污染排放量的数据相对来讲比较全面。而且，政府治理环境主要考核的也是污染排放量的多少，政府污染治理费用与污染排放量存在很大相关性，所以使用排放量更为直接和准确。国外有的学者采用这一指标来衡量环境规制强度（Heranandez-Sancho et al.，2000）。国内张各兴、夏大慰（2011）在《中国工业经济》中的"所有权结构、环境规制与中国发电行业的效率"以及张文彬等（2010）在《管理世界》中的"中国环境规制强度省际竞争形态及其演变"一文中均使用的污染排放量作为衡量环境规制的指标。考虑到数据的可得性以及世界各国之间环境指标的可比性，采用 CO_2 排放费用占国民总收入（GNI）的比例来衡量环境规制严格度。达斯古普塔等（2002）总结出富国环境规制水平较高的三个原因：一是在医疗和教育方面的基础投资完成之后，治理污染成为社会更加优先考虑的目标；二是富国能够有钱聘用更多的技术人员，并为环境监测和政策实施分配更充裕的经费；三是较高的收入和技术水平使当地社区有能力推行较高的环境标准。

三、回归结果

本章样本时间跨度为 1992～2017 年，横截面为中国 34 个主要贸易伙伴国和地区。表 6.1 是对计量模型（6.9）的估计结果。在进行面板数据估计时采用的是随机效应模型，因为引力模型中的被解释变量是中国对其他 34 个国家之间的单方出口值，解释变量中中国的国内生产总值、人口数量以及相关的环境规制作为公共变量来处理，选用随机效应模型优于固定效应模型。另外所选的样本是从世界上所有国家中选取的部分样本，本章目的是想通过分析部分国家环境规制与出口之间的关系，检验在全球经济中是否普遍存在"污染天

堂假说"效应。即通过样本结果对总体进行分析，把反映个体差异
的特定常数项看作是跨个体成员的随机分布，在这种情况下，也适合
采用随机效应模型。

为了更清晰地反映环境规制变量对污染密集型产业出口的影响，
本章在估计时，先对引力模型的原始变量进行估计，定为模型（1），
然后再对加入环境规制变量的扩展引力模型进行估计，定为模型
（2），以此来考查环境规制变量在模型中的作用。

表 6.1 回归结果

变量	模型（1）	模型（2）
$\ln GDP_{it}$（β_1）	1.83 *** (8.59)	2.32 *** (8.67)
$\ln GDP_{jt}$（β_2）	2.35 *** (15.06)	1.01 (11.0)
$\ln POP_{it}$（β_3）	-7.26 *** (-3.63)	-3.28 (-0.79)
$\ln POP_{jt}$（β_4）	0.03 (0.23)	0.13 (1.05)
$\ln DIST_{ij}$（β_5）	-1.30 *** (-5.15)	-1.28 *** (-4.99)
$ENVI_{it}$（β_6）		0.14 * (4.37)
$ENVI_{jt}$（β_7）		-0.05 * (-1.78)
CONST	57.76 *** (2.94)	0.94 (0.04)
Adj R²	0.79	0.91
F-statistic	871.5	649.6
Obs	884	884

注：***、*分别代表1%和10%的显著性水平。

四、结果讨论

表 6.1 中模型（1）检验了引力模型中各结构性变量与污染密集型产品出口之间的关系。中国 GDP 反映了出口国家潜在的供给量，进口国 GDP 反映了进口国家的潜在需求量，这两个变量前的系数都为正并在 1% 的水平上显著。中国人口系数为负并在 1% 的水平上显著，人口规模反映了市场需求的大小，中国人口越多，说明国内市场对产品需求越旺盛，能够出口的产品就会相应减少，所以人口与出口额之间的关系是反向的。而进口国人口规模与出口值之间的系数为正但不显著，说明进口国人口规模越大，对国外产品需求越高，从国外进口产品也越多，因此出口国出口值越大。距离变量反映了进出口国之间的贸易壁垒，距离与出口量之间呈反向关系，距离越远，出口量越少。因为距离增加了运输成本，导致产品成本上升，出口到国外的价格上升，所以出口量减少。

模型（2）中选用的环境规制变量是 CO_2 排放费用占 GNI 的比例。由于 CO_2 排放费用占 GNI 的比例间接反映了环境规制程度大小，CO_2 排放费用占 GNI 的比例越大，表明一国的环境管制越宽松。中国环境管制 $ENVI_{it}$ 前的系数都为正且在 1% 的水平上显著，说明出口国的环境规制越宽松，出口量越多。因为宽松的环境规制降低成本，增强企业竞争力从而促进出口。进口国环境管制 $ENVI_{jt}$ 前的系数都为负且在 10% 的水平上显著，说明进口国环境规制越严格，对污染密集型产品的生产越少，因此，国内对污染密集型产品的需求就需要更多地从国外进口获得，从而越有利于出口国污染密集型产品的出口。

以上无论是理论分析还是实证检验，都证明了宽松的环境规制会增加一国污染密集型产业的生产和出口。因此，在目前中国依靠高能耗、高污染、低效率发展经济的时代，必须引起足够的重视。随着中国劳动力成本的上升，劳动密集型产业即相对清洁的产业会逐渐丧失比较优势，而资本密集型产业中高科技产业还没有发展起来，因此污染密集型产业在中国的生产和出口中所占比重会不断增加，这与中国宽松的环境管制政策是分不开的。这种宽松的环境管制短期内会促进中国污染密集型产业的出口，贸易顺差增大，但由于这种发展方式是建立在高耗能、高污染、低效率的基础之上的，不利于经济的长期可持续发展。如果长期遵循环境要素禀赋学说理论指导中国的实践，中国很容易落入污染密集型产业的比较优势陷阱。

鉴于此，在中国还是应该建立起长效动态发展机制，逐步实行较为严格的环境规制制度。虽然短期内这种制度可能会增加中国企业的生产成本，使出口利润减少，但出口利润减少的压力也会促进企业大力发展高科技产业，加大技术改造力度，提高能源资源综合利用水平、技术工艺系统集成水平，提高产品质量、技术含量和附加值。只有建立起具有动态比较优势的产业，才能使贸易对环境的结构效应和技术效应大于片面追求经济增长带来的规模效应，在稳定出口的同时实现污染防治的目标，减少环境污染，提高环境质量。

第七章　环境规制与出口技术复杂度

——基于中国上市公司和海关数据库的研究

第一节　波特假说

《中华人民共和国环境保护税法》于 2016 年 12 月 25 日在十二届全国人大常委会第二十五次会议上获表决通过，于 2018 年 1 月 1 日起实施。这是中国第一部推进生态文明建设的单行税法，该法实施后，排污企业将直接受到经济约束。毋庸置疑，环境规制的加强使环境得以改善的同时，也会影响到经济发展速度，如何实现环境质量和经济发展双赢的效果呢？波特和林德（1995）提出著名的"波特假说"，认为严格的环境规制能够使企业从长期利益出发，加大研发力度，改进生产技术，促进技术创新，从而实现环境质量和经济增长的双赢。波特假说自提出以来，一直是理论界关注的热点问题。已有研究多集中在宏观和中观层面，从企业层面进行的研究较为少见。企业是创新的主体，而公司治理是现代企业制度的核心，对企业的经营决策具有重要影响。环境规制能否真正得以贯彻执行，能否有效地促进技术创新，公司治理对环境规制与技术创新关系是否具有调节效应？从公司治理视角重新审视环境规制与技术创新二者之间的关系，有助于深化环境规制对于技术创新的微观层面的解释，同时对于完善中国公司治理结构和企业长期发展具有一定的参考意义。

围绕波特假说学者们展开了大量研究，支持波特假说的文献相对比较丰富。阿帕依等（2002）以美国和墨西哥食品贸易为例，对波特假说进行检验，结果表明墨西哥严格的环境标准提高了食品加工业生产率。伯曼和裴（2001）以美国洛杉矶地区石油冶炼业为研究对象，对波特假说进行了检验，结果表明，洛杉矶尽管有较为严格的环境规制标准，但石油冶炼业全要素生产率却高于其他地区，说明严格的环境规制有利于企业的技术创新。滨本（2006）分别以污染治理支出和研发投入作为环境规制和技术创新的代理变量，研究了环境规制与技术创新之间的关系，结果证明环境规制促进了技术创新，波特假说是成立的。阿姆贝克（2010）以污染型企业为样本，研究表明环境规制的确能够促进企业的创新行为，进而发现环境规制与企业环境技术创新正相关。贾弗和帕尔默（1997）以污染治理成本作为环境规制的代理变量，研究了环境规制与研发支出之间的关系，结果发现二者关系为正，污染治理成本每增加1%，研发支出增加0.15%。其他学者运用不同的方法也都得出类似结论，都支持波特假说（Brunnermeier and Cohen，2003；Popp，2004；Lanoie et al.，2007）。中国大部分学者都支持波特假说。赵红（2008）运用中国大中型工业企业1996~2004年的面板数据，对环境规制与技术创新之间的关系进行了实证分析，结果发现，波特假说在中国得到部分证实。李强、聂锐（2009）基于中国省际面板数据，以发明专利数量和使用新型专利数量作为技术创新的代理变量，实证结果表明环境规制对技术创新产生了显著的正的影响。蒋伏心、王竹君等（2013）认为环境规制不但会对技术创新产生直接影响，而且还会通过外国直接投资、企业规模、人力资本水平等因素对技术创新的作用方向和程度产生间接影响。张倩（2016）运用 GMM 方法实证检验了环境规制对中国技术创新除了具有直接非线性影响外，还通过产业集中度、企业环境管理战略、公众参与和外国直接投资间接激励企业的技术创新活动。

也有一些学者通过理论和实证分析否定了波特假说的真实性。布伦隆德等（Brännlund et al.，1995）采用非参数检验方法分析了环境规制对瑞典纸浆和造纸工业的利润的影响，研究发现环境规制降低了公司的利润。沃利（Walley，1994）以竞争激烈、利润率下降的石油化工业为研究对象，结果表明，环境规制使企业成本增加，降低企业竞争力，而且会导致管理人员重新投资一项新的环保产品，从而降低了企业的技术创新能力。戈洛普和罗伯特（Gollop and Roberts，1983）以 SO_2 为例，估计结果显示严格的环境规制降低了美国 20 世纪 70 年代的生产率。

还有一部分学者探讨了波特假说成立的条件。阿姆贝克和鲍尔洛（2002）认为波特假说在特定的条件下是可以成立的。贾弗和帕尔默（1997）利用美国制造业的面板数据，对波特假说进行了检验，结果显示控制行业变量的情况下，环境支出与研发支出正相关，说明波特假说的成立与行业有关。森（2015）通过建立理论模型，运用多国汽车工业数据，得出合理的公司治理结构下，严格的环境规制会促进技术创新。蔡濛萌和薛福根（2016）基于中国 27 个典型工业行业面板数据，采用 GMM 方法，对波特假说进行检验，研究结果表明环境规制提高所带来的生产率变化具有明显的行业异质性。沈能和刘凤朝（2012）认为波特假说的成立存在地区差异。在中国较发达的东部地区波特假说得到很好的支持，但在较落后的中西部地区难以成立。这说明波特假说的成立受到经济发展水平的限制。江炎骏、杨青龙（2015）基于中国省际面板数据，研究了地方政府在波特假说中的作用。结果表明，地方政府在波特假说中起到调节作用，政府干预程度较弱的地区环境规制的技术效应较强，政府干预程度较强的地区环境规制的技术创新效应较弱。陶长琪、琚泽霞（2015）认为波特假说的成立受到金融发展的影响：金融发展效率低时，环境规制不利于技术创新；金融发展程度较高时，环境规制对技术创新起到积极的促进作用。于金、李楠（2016）以中国沪深A股上市的重污染行业公司为例，实证检验结果表明波特假说的成立与企业性质和地区有关。还有少量文献集中在对波特假说成立条件的研究上，上文提到森（2015）研究了基于发达国家公司治理结构下环境规制与技术创新之间的关系，但中国的上市公司治理结构与西方发达国家相比还存在很多不同，这就导致其结论在中国的适用性值得怀疑。

综上所述，对于环境规制与技术创新的研究，目前主要是从宏观或中观层面，对波特假说进行直接检验，很少有文献探讨环境规制与产品技术复杂度之间的关系。本章从技术复杂度视角对波特假说做进一步拓展，技术复杂度不仅反映了产品技术创新程度，而且可以反映产品结构的动态变迁。另外，在中国，环境规制政策的制定还是比较严格的，但是并没有得到严格的贯彻执行，这与中国企业所实行的委托代理制度有关。委托代理制度中所有权和经营权的分离，决定了企业所有者和经营者各自存在不同的利益，在对政策的执行上存在不同的观点。公司治理结构作为现代企业制度的核心，对企业决策和政策的执行具有重要影响。良好的公司治理结构能够在个人利益和企业长期利益之间做出权衡，对国家颁布的政策在权衡利弊的基础上做出决策，必要时会牺牲个人利益，以促进企业的长期可持续发展。而不完善的公司治理结构则有可能视国家政策于不顾，仅从个人利益出发做出决策。

　　基于此，本章将反映公司治理的企业目标函数纳入"拓展的波特假说"分析框架，对环境规制与技术复杂度之间的作用机理进行理论上分析，然后运用中国上市公司和海关数据库的数据，检验环境规制与技术复杂度之间的关系，以及公司治理对二者关系的调节效应。对该问题的研究，一方面有助于深化环境规制对技术复杂度微观层面的解释，另一方面也为中国环境规制政策的实施以及公司治理结构的改善提供一定的政策建议。

第二节　环境规制与技术复杂度关系的理论模型

　　设企业最终产品为 Y，Y 产品的价格为 $P_Y = 1$，它是由一系列中间投入品 $i(i \in [0,1])$ 生成的。总的生产函数为：

$$Y = \int_0^1 A_i^{1-\alpha} x_i^{\alpha} \, \mathrm{d}i \tag{7.1}$$

其中，x_i 表示中间投入品，A_i 表示最终产品技术复杂度。

　　最终产品可用于消费、中间产品生产的投入和研发支出，用公式可以表示为：

$$Y = C + X + Z \tag{7.2}$$

其中，C 表示消费，X 表示用于中间产品生产的投入，Z 表示总的研发支出。

假设最终产品市场是完全竞争市场，每一种中间产品的价格等于其边际生产率，即：

$$p_i = \propto A_i^{1-\propto} x_i^{\propto -1} \tag{7.3}$$

其中，p_i 表示投入品 i 的价格。

假定每一种中间投入品的市场价格都是相同的，每一种中间投入品由一个垄断厂商生产，需消耗 φ 单位最终产品，产生 z 单位污染，每一个垄断厂商的生产成本为：

$$C^M = \varphi^M + \tau \tag{7.4}$$

其中，τ 表示单位污染征收的环境污染税。

假设市场中有一竞争者生产同类中间产品需要较高的边际成本 $\varphi^F > \varphi^M$，因此，垄断者设定其中间产品价格为：

$$C^F = \varphi^F + \tau z \tag{7.5}$$

该价格可以阻止其他竞争者进入市场。将该价格代入式（7.3），那么对 i 产品的需求量为：

$$x_i = \left(\frac{\alpha}{\varphi^F + \tau z} \right)^{1/(1-\alpha)} A_i \tag{7.6}$$

因此，每一部门的垄断利润为：

$$\pi_i = (\varphi^F - \varphi^M) \left(\frac{\alpha}{\varphi^F + \tau z} \right)^{1/(1-\alpha)} A_i \tag{7.7}$$

假设每一部门生产商可以自由从事研发活动，i 部门每一个研发活动都可以提高其技术复杂度，提高幅度用 γ 表示，$\gamma > 1$，假设任何研发投入都是有效的，都可以提高技术复杂度。

对中间产品 i 进行研发，可以使其技术复杂度提高 γ，相应地需要可变成本 $\gamma^2 A_i / 2$，固定成本假设为 $k^j A_i (k^j > 0)$，$j \in (pm, sm)$，pm 代表利润最大化者，sm 代表追求股东价值最大化的公司经营者。一般来讲，追求股东价值最大化的公司所花费的固定成本要比追求利润最大化的公司的固定成本高，因为前者相比于后者会看重公司的长期发展，会产生一些额外成本，比如对管理层进行培训等。因此，$k^{sm} \geq k^{pm}$。

研发投入和技术复杂度的大小与公司治理结构有关。公司经营者一般期望获得更多的利润，而公司所有者往往关注企业的长期利益，期望实现股东价值最大化。可以分两种情况进行讨论：

第一，假设企业目标函数是利润最大化，则对其收益进行最大化：

$$\max_{\gamma} \pi_i(\gamma A_i) - \frac{1}{2}\gamma^2 A_i \qquad (7.8)$$

将式（7.7）代入式（7.8）并对 γ 求导，可得出技术复杂度提高值：$\gamma_i^{pm} = (\varphi^F - \varphi^M)\left(\dfrac{\alpha}{\varphi^F + \tau z}\right)^{1/(1-\alpha)}$，对 τ 求偏导：

$$\frac{\partial \gamma_i^{pm}}{\partial \tau} = -\frac{z(\varphi^F - \varphi^M)}{\alpha(1-\alpha)}\left(\frac{\alpha}{\varphi^F + \tau z}\right)^{2-\alpha/(1-\alpha)} < 0 \qquad (7.9)$$

因此，对于追求利润最大化的企业，严格的环境管制不利于技术复杂度的提高。追求利润最大化的企业，公司治理结构不尽完善，往往只追求眼前的利益，较多关注的是企业的短期利益，严格的环境规制下会使公司所有者和经营者为了短期利益而放弃投入更多的研发资金，因此不利于企业技术复杂度提高。

假设1：追求利润最大化的企业，严格的环境管制不利于技术复杂度提高，即不完善的公司治理结构对环境规制与技术复杂度关系有负向调节效应。

第二，假设企业目标函数是股东价值最大化。追求股东价值最大化的企业，注重企业的长期发展，企业所有者在制定决策时，不会过于关注企业短期的收益和成本，只要企业利润能够维持企业正常经营，企业所有者愿意把更多的资金投入研发，以获取企业的长期可持续发展。因此有：

$$\pi_i(\gamma A_i) = k^{sm} A_i \tag{7.10}$$

追求股东价值最大化的公司技术复杂度提高值为：

$$\gamma_i^{sm} = \frac{k^{sm}(\varphi^F + \tau z)^{1/(1-\alpha)}}{(\varphi^F - \varphi^M)\alpha^{1/(1-\alpha)}} \tag{7.11}$$

对式（7.11）中 τ 求偏导：

$$\frac{\partial \gamma_i^{sm}}{\partial \tau} = -\frac{zk^{sm}(\varphi^F + \tau z)^{1/(1-\alpha)}}{(\varphi^F - \varphi^M)(1-\alpha)\alpha^{1/(1-\alpha)}} > 0 \tag{7.12}$$

因此，追求股东价值最大化的企业往往是专注于公司的长期利益，具有较好的公司治理结构，能够认真贯彻执行国家的环境规制政策，加大研发力度，提高技术复杂度。

假设2：追求股东价值最大化的企业，严格的环境管制有助于技术复杂度提高，即良好的公司治理结构对环境规制与技术复杂度有正向调节效应。

第三节 中国出口技术复杂度的测算

出口技术复杂度反映一国或地区出口产品的技术含量及国际分工地位。出口技术复杂度的提高意味着一国的出口产品由低附加值向高附加值转变，出口商品结构由单一的初级产品向多样化制成品转变。出口商品中的技术含量提升，有利于提高中国出口产品在国际市场上的竞争力。

本章采用豪斯曼（2007）及罗迪里克（Rodick，2006）计算方法测算出口技术复杂度。

（1）某类商品出口技术复杂度计算公式为：

$$Extec_k = \sum_j (RCA_{jk} Y_j) = \sum_j \left[\frac{r_{jk}}{\sum_j r_{jk}} Y_j \right] = \sum_j \left[\frac{\dfrac{x_{jk}}{X_j}}{\sum_j \dfrac{x_{jk}}{X_j}} Y_j \right]$$

$$(7.13)$$

其中，$Extec_k$ 表示 k 产品的出口技术复杂度。r_{jk} 表示 j 国出口产品 k 的贸易份额，$\sum_j r_{jk}$ 表示所有国家出口产品 k 的贸易份额之和。x_j 表示 j 国 k 产品出口额，X_j 是该国出口总额。Y_j 代表该国人均国民收入。假设出口产品技术含量与出口国人均收入水平相关，以出口国各产品出口额占其出口总额的比重为权重，对其人均收入进行加权平均。

（2）企业出口技术复杂度计算公式为：

$$Extec_j = \sum_k \left(\frac{x_k}{X} Extec_k \right) \qquad (7.14)$$

其中，$Extec_j$ 表示企业 j 的出口技术复杂度，x_i 为企业 k 商品出口额，X 为企业出口总额，$Extec_k$ 为 k 商品的出口技术复杂度。所有出口数据单位均换算成百万美元计算。

本章选取 2015 年出口贸易额在全球出口贸易总额中排名前 30 位的国家或地区，这 30 个国家或地区在 2007 ~ 2015 年任何一个时间区间内的出口贸易额在全球出口贸易总额中所占比例均超过了 80%，所以这 30 个国家或地区的数据具有很高的代表性。虽然沙特阿拉伯和阿联酋的出口排名高于某些选取的 30 个国家或地区样本，但其 GDP 主要来源于资源出口而非技术进步，因此排除这两个国家和地区，选取了其他 30 个国家和地区。除此之外，由于 2007 年部分国家各类产品出口数据缺失，因此排除了 6 国，以剩下 24 个国家的出口数据进行测算[1]。

关于产品的出口技术复杂度，根据国际贸易标准分类（HS）划分的 21 类商品分类，对中国 21 大类出口产品的技术复杂度进行测算。由于第 19 类（武器、弹药及其零件、附件）数据缺失严重，本章将剔除掉这一部分数据，选取剩下的 20 类产品做分析。

第四节　环境规制与出口技术复杂度关系的实证分析

一、模型设定

基于以上的理论分析，本章构建如下回归模型，对理论中的假设

---

① 联合国贸易数据库。

进行实证检验。

$$Extec_{i,t} = a + \alpha\,ER_{i,t} + \delta\,X_{i,t} + \varepsilon_{i,t} \qquad (7.15)$$

其中，$Extec_{i,t}$ 表示企业出口技术复杂度。$ER_{i,t}$ 表示环境规制强度。X 代表一系列控制变量，包括企业规模、资产负债率，下标 i 和 t 分别表示企业和年份，$\varepsilon_{i,t}$ 表示误差项。

为了研究公司治理对环境规制与出口技术复杂度关系的调节效应，在以上模型中我们进一步加入公司治理（$GOV_{i,t}$）各变量（股权集中度、董事会规模、独立董事占董事会人员比例、管理层薪酬、管理层持股比例）与环境规制变量的交乘项，构建如下计量模型：

$$Extec_{i,t} = a + \alpha\,ER_{i,t} + \beta\,GOV_{i,t} + \gamma\,ER_{i,t} \times GOV_{i,t} + \delta\,X_{i,t} + \varepsilon_{i,t}$$

$$(7.16)$$

二、变量说明

（1）被解释变量：企业出口技术复杂度（*Extec*）。

（2）解释变量：环境规制强度（*ER*）。鉴于上市公司环境信息的披露还很不完善，环保支出的具体数据存在缺失现象。本章认为环境信息披露水平能够间接反映上市公司的环境重视程度，如果环境信息披露水平高，说明该公司对环境重视程度高，环境规制也会相应严格。反之，则环境规制相对宽松。本章将上市公司年报、社会责任报告以及相关公司网站发布的环境信息，按相同权重，定量信息赋值为 2，定性信息赋值为 1，没有披露相关信息为 0，然后将各项得分加总后取其自然对数，以此衡量上市公司环境规制强度。

（3）调节变量：公司治理（*GOV*）。公司治理一般包括股东、董事会和激励机制三个方面。在此，我们用股权集中度来衡量股东，用董事会规模和独立董事比例衡量董事会，用管理层薪酬和股权衡量对管理层的激励机制。股权集中度（*SH*1），以第一大股东持股比例来衡量股权集中度；董事会规模（*BOARD*），以董事会的人数衡量董事会规模；独立董事比例（*INDEP*），以独立董事占董事会人数之比来衡量独立董事比例；管理层激励，以高管前三名薪资占比（*PAY*）和管理层持股比例（*STOCK*）分别衡量对管理层的短期激励和长期激励。

（4）控制变量（*X*）。出口技术复杂度还会受到上市公司其他因素的影响，鉴于数据的可得性，本章设置公司规模、资产负债率作为控制变量。公司规模（*SIZE*），对企业规模的测量用年末总资产的自然对数来衡量；资产负债率（*DEBT*），资产负债率是负债总额除以资产总额的百分比，反映了总资产中有多大比例是通过借债来筹资的。

三、数据来源

本章财务数据取自 CSMAR 数据库，选取中国证监会 2012 年修订的《上市公司行业分类指引》中的制造业上市公司为研究对象，上市公司的出口数据来自中国海关数据库，并根据公司名称进行匹配，计算出口技术复杂度的数据来自 CEPII 的 BACI 数据库。样本时间跨度为 2010～2015 年，并剔除 ST、*ST 公司以及相关数据缺失严重的公司。部分缺失数据从企业年报和社会责任报告中补足，样本公司的年报来自巨潮资讯网、上海证券交易所和深圳证券交易所的网站。由于本章涉及的公司治理变量多，而中国对上市公司治理结构的数据统计还很不完善，许多数据存在缺失严重的现象，经筛选，最后得到 328 家公司，共计 1560 个观察值。为了控制极端值给结果带来的偏误，对所有的连续变量在 5% 和 95% 分位数上进行了缩尾处理。为避免交叉项产生的多重共线性问题，本章对交叉变量进行了中心化处理。

四、实证结果分析

（一）环境规制对出口技术复杂度的主效应

首先对式（7.15）进行回归，考虑到行业的不同，对环境规制政策的反应不同，本章将样本又区分为重污染行业和轻污染行业。按照环保部公布的《上市公司环境信息披露指南》中的规定，火电、钢铁、水泥、电解铝、煤炭、冶金、化工、石化、建材、造纸、酿造、制药、发酵、纺织、制革和采矿业 16 类行业为重污染行业。据此，从所选 328 家公司中选出 125 家重污染上市公司，2010 ~ 2015 年的数据共 521 个样本，其余 1039 个样本归为轻污染行业。

表 7.1 模型（1）是全样本的回归，模型（2）是重污染行业样本的回归，模型（3）是轻污染行业样本的回归。

表 7.1　　　　　　　环境规制对出口技术复杂度的主效应

变量	模型（1） （全样本）	模型（2） （重污染行业）	模型（3） （轻污染行业）
ER	0.625 * (3.35)	0.732 *** (8.23)	− 0.131 (− 1.34)
SIZE	0.385 *** (2.86)	0.224 *** (5.30)	0.246 *** (8.46)

变量	模型（1） （全样本）	模型（2） （重污染行业）	模型（3） （轻污染行业）
DEBT	−2.357 ** （−11.22）	−2.745 *** （−12.38）	−2.454 *** （−12.43）
_*CONS*	10.27 *** （4.43）	4.549 *** （11.90）	6.62 *** （12.79）
Obs	1560	521	1039
Adj-R²	0.265	0.312	0.384

注：***、**、*分别表示在1%、5%和10%水平上的统计显著性。

由表 7.1 的回归检验结果可知，全样本下，环境规制对出口技术复杂度存在负向作用，且仅在 10% 水平上显著。这说明全样本条件下，中国严格的环境规制并没有显著地促进上市公司出口技术复杂度的提升。而环境规制政策对重污染行业的影响较大，在 1% 的水平上显著地促进了中国上市公司出口技术复杂度。轻污染行业中环境规制对研发投入的影响是负值，且不显著，这说明中国环境规制政策对轻污染行业的出口技术复杂度没有产生太明显的作用，公司规模对出口技术复杂度具有显著的正效应。规模大的上市公司相对于小公司来讲，具有人力资本丰富、资金充裕、融资渠道多等特点，因此有更多的实力进行研发投入，具有技术创新优势。

资产负债率与技术研发的系数为负。企业具有一定的负债能够增强企业活力，但同时也带来一定的风险。技术研发的投入具有成本高、风险大的特征，因此，负债率高的企业对于研发投入都比较谨慎，追求短期效益和利润最大化的企业往往将有限的资金用于生产投资而不是研发投资。

（二）公司治理对环境规制与出口技术复杂度关系的调节效应

从环境规制与出口技术复杂度关系的回归结果可以看出，只有重污染行业的回归结果比较显著，因此，本章公司治理对环境规制与出口技术复杂度关系的调节效应的研究仅以重污染行业为例进行回归，见表7.2。模型（1）~模型（5）分别是加入公司治理的分变量以及各变量与环境规制交叉项之后进行回归的结果。

表7.2　公司治理对环境规制与出口技术复杂度关系的调节效应

变量	模型（1）	模型（2）	模型（3）	模型（4）	模型（5）
ER	0.528 *** (8.26)	0.523 *** (7.32)	0.548 *** (8.22)	0.587 *** (6.84)	0.564 *** (5.47)
*SH*1	−2.384 *** (−11.77)				
ER × *SH*1	−2.356 *** (−3.08)				
BOARD		−0.425 (−1.92)			
ER × *BOARD*		−3.285 *** (−6.69)			
INDEP			−0.129 (−0.27)		
ER × *INDEP*			3.498 (1.05)		
PAY				0.357 *** (6.35)	
ER × *PAY*				0.758 ** (2.49)	
STOCK					0.354 ** (3.78)
ER × *STOCK*					0.674 *** (3.38)
SIZE	0.295 *** (8.40)	0.218 *** (6.13)	0.217 *** (5.77)	0.275 *** (7.96)	0.238 *** (7.99)

续表

变量	模型（1）	模型（2）	模型（3）	模型（4）	模型（5）
DEBT	-3.283*** (-10.62)	-3.761*** (-11.25)	-3.327*** (-11.77)	-3.258*** (-13.83)	-3.782*** (-12.40)
_CONS	9.57*** (19.90)	10.53*** (15.79)	10.41*** (11.91)	7.275*** (10.53)	8.326*** (10.16)
Obs	521	521	521	521	521
Adj-R^2	0.418	0.286	0.338	0.329	0.398

注：*** 、** 分别表示在 1% 和 5% 水平上的统计显著性。

（1）股权集中度的调节效应。由表 7.2 可以看出，公司治理变量股权集中度与环境规制交叉项系数都显著为负，这说明，中国上市公司股权集中度对环境规制与出口技术复杂度关系具有负向调节作用。这可能与中国上市公司股权性质有关。中国上市公司第一大股东国有股比重很大，国有股的产权主体多为各级政府和主管部门。作为国家股代表的政府官员任期有限，而严格的环境规制增加了企业成本，为了达到任期内的政治目标，他们的决策往往是建立在利润最大化的基础上，追求企业的短期绩效，不利于研发投入和出口技术复杂度的提高。假设 1 得到验证。

（2）董事会规模的调节效应。环境规制与董事会规模交叉项系数显著为负。董事会规模也影响到环境规制创新效用的发挥，当前的董事会规模不利于出口技术复杂度的提升。董事会规模扩大，虽然可以吸收具有不同专业背景的人进入董事会，为技术创新出谋划策，但在中国董事会往往被控股股东所操控，内部人控制现象比较严重，董事会规模扩大所带来的正面作用往往得不到有效发挥，反而增加了沟通和管理成本，严格的环境规制下，企业成本增加，不利于出口技术复杂度的提高。董事会规模越大，越不利于从长期利益出发做出决策。假设 1 得到验证。

（3）独立董事的调节效应。独立董事与环境规制的交乘项系数为正，但都不显著。说明独立董事对环境规制与出口技术复杂度关系的调节作用不明显。公司经营者在制定政策时，迫于环境规制和独立董事监管的外在压力，会倾向于维护股东利益，追求股东利益最大化，环境规制政策会得到认真贯彻执行，主动增加研发投入，提升出口技术复杂度。但在中国，担任独立董事的人大多是经济管理方面的专家学者兼任，对公司的实际运作并不了解，在董事会上也没有太多的发言权，相对于公司控股股东和董事会高层管理人员，他们提出的决策和建议往往引不起足够的重视，由于独立董事在中国发展还不完善，所以效果还不是太明显。在严格的环境规制下，假设 2 得到验证。

（4）管理层薪酬和持股比例的调节效应。激励机制方面，管理层薪酬激励对环境规制的技术创新具有正向调节效应。企业管理层出于个人利益，往往会忽视公司的长远利益，而是追求任期内个人价值最大化。为了减轻代理问题，避免损害股东利益，股东会在管理层薪酬上采取一定的激励措施，使企业管理层与股东利益保持一致，其个人目标与企业目标一致，这样有利于管理层从企业长期发展考虑制定企业决策，提高研发投资，促进出口技术复杂度的提升。

管理层股权激励对环境规制与出口技术复杂度关系具有更为显著的调节效应。原因可能是面对国家越来越严格的环保政策，企业越来越重视环境保护。管理层作为企业决策和战略的实施者，能否调动其积极性和主动性对企业的生存和发展起到至关重要的作用。而给予管理层股权激励能够激励其从股东利益最大化出发，更多地关注企业的长期利益，积极应对环境规制，提升出口技术复杂度来抵消环境规制所带来的不利影响。假设 2 得到验证。

环境规制与公司治理各变量交叉项与出口技术复杂度之间关系的回归结果表明：公司治理结构不健全，严格的环境规制会使经营者更多地从企业短期利益出发，减少研发投入，不利于企业出口技术复杂度提高。但如果能够建立起长效发展机制，完善公司治理结构，则严格的环境规制会激发经营者和股东的创新意识，增加研发投入，因此，良好的公司治理结构能够强化环境规制的技术创新效应，对环境规制与出口技术复杂度之间的关系起到正向调节效应。

从企业追求不同的目标函数入手，建立环境规制与出口技术复杂度的一般理论模型，并选取 2010～2015 年度制造业上市公司和海关数据为研究样本，探讨公司治理对环境规制与出口技术复杂度的调节效应，研究结果表明：中国上市公司第一大股东持股比例、董事会规模会弱化环境规制的出口技术复杂度效应；独立董事对环境规制与出口技术复杂度关系的调节效应不明显，管理层薪酬和股权激励对环境规制与出口技术复杂度关系具有正向调节效应。因此，严格的环境规制下，应完善公司治理结构，以股东价值最大化为目标，加大技术创新力度，提高企业出口技术复杂度，充分发挥公司治理的正向调节效应，减少环境污染，实现公司的长期可持续发展。为此，本章提出以下政策建议：

第一，加快现代公司制度改革，完善公司治理结构。适当提高其他股东股权比例，形成股权制衡机制，避免股权集中导致的短视行为；强化董事会的监督机制，加大独立董事比例，防止控股股东及管理层的内部控制损害公司整体利益；建立企业的长期激励约束机制，使企业经营者与所有者都以企业长期发展为目标，实现股东利益最大化；将环境绩效考核纳入企业绩效考核体系，实现公司的长期可持续发展。

第二，制定合理的环境规制政策。制定与现代公司治理结构相匹配的环境规制政策，我们既不能盲目追求经济发展速度忽视环境质量，也不能为了盲目追求环境质量而制定过于严格的环境规制政策。如果环境规制政策超过企业实际承受能力，公司治理结构会弱化环境规制与出口技术复杂度之间的关系，不仅达不到我们追求长期利益最大化的目的，短期利益也会受到影响。

第三，加大政府对企业的扶持力度。严格的环境规制增加了企业成本，在公司治理还不完善的情况下，为了避免企业单纯追求利润最大化，需要政府加大对环保投入的财政补贴，降低研发成本，弥补研发风险带来的损失。

参 考 文 献

［1］（加拿大）布莱恩·科普兰，斯科特·泰勒尔．贸易与环境：理论及实证［M］．彭立志译．上海：上海人民出版社，2009.

［2］（美）伯特尼，史蒂文斯．环境保护的公共政策（第二版）［M］．穆贤清，方志伟译．上海：上海人民出版社，2003.

［3］（瑞典）托马斯·安德森．环境与贸易——生态、经济、体制和政策［M］．黄晶等译．北京：清华大学出版社，1998.

［4］包群，陈媛媛，宋立刚．外商投资与东道国环境污染：存在倒U型曲线关系吗？［J］．世界经济，2010（1）：3-17.

［5］蔡濛萌，薛福根．环境规制、行业污染与生产率增长——基于行业动态面板数据的实证研究［J］．东岳论丛，2016（2）：178-183.

［6］陈红蕾，陈秋峰．经济增长、对外贸易与环境污染：联立方程的估计［J］．产业经济研究，2009（3）：29-34.

［7］陈虹，杨巧．基于地方政府竞争视角的环境规制对出口的影响研究［J］．国际商务（对外经济贸易大学学报），2018（1）：12-22.

［8］陈华文，刘康兵．经济增长与环境质量：关于环境库兹涅茨曲线的经验分析［J］．复旦学报（社会科学版），2004（2）：87-94.

［9］陈邵峰，刘扬，邹秀萍，苏利阳.1949年以来中国环境与发展关系的演变［J］．中国人口·资源与环境，2010（2）：43-48.

［10］陈诗一. 能源消耗、二氧化碳排放与中国工业的可持续发展［J］. 经济研究，2009（4）：41－55.

［11］陈迎，潘家华，谢来辉. 中国外贸进出口商品中的内涵能源及其政策含义［J］. 经济研究，2008（7）：11－25.

［12］陈昭. 中国对外贸易与环境质量关系检验［J］. 国际经贸探索，2010（12）：16－20.

［13］程雁，郑玉刚. 中国贸易自由化的环境效应分析——基于"污染避难所"假说与要素禀赋比较优势的检验［J］. 山东大学学报（哲学社会科学版），2009（2）：65－70.

［14］戴翔，张二震. 中国出口技术复杂度真的赶上发达国家了吗［J］. 国际贸易问题，2011（7）：3－16.

［15］戴翔. 产品内分工、出口增长与环境福利效应——理论及对中国的经验分析［J］. 国际贸易问题，2010（10）：57－63.

［16］党玉婷，万能. 中国对外贸易的环境效应分析［J］. 山西财经大学学报，2007（3）：21－26.

［17］党玉婷. 中国对外贸易对环境污染影响的实证研究［J］. 财经研究，2010（2）：26－35.

［18］丁继红，年艳. 经济增长与环境污染关系剖析——以江苏省为例［J］. 南开经济研究，2010（2）：64－79.

［19］董敏杰，梁泳梅，李钢. 环境规制对中国出口竞争力的影响——基于投入产出表的分析［J］. 中国工业经济，2011（3）：57－67.

［20］傅京燕，李丽莎. 环境规制、要素禀赋与产业国际竞争力的实证研究——基于中国制造业的面板数据［J］. 管理世界，2010（10）：87－98.

［21］傅京燕，张珊珊. 中国制造业进出口隐含污染分析：基于投

入产出的方法 [J]. 国际商务 (对外经济贸易大学学报), 2011 (2): 30 – 41.

[22] 傅京燕, 周浩. 贸易开放、要素禀赋与环境质量: 基于中国省区面板数据的研究 [J]. 国际贸易问题, 2010 (8): 84 – 92.

[23] 傅京燕. 产业特征、环境规制与大气污染排放的实证研究——以广东省制造业为例 [J]. 中国人口·资源与环境, 2009, 19 (2): 73 – 77.

[24] 高静, 刘国光. 要素禀赋、环境规制与污染品产业内贸易模式的转变——基于 54 个国家 352 对南北贸易关系的实证研究 [J]. 国际贸易问题, 2014 (10): 99 – 109.

[25] 龚健健, 沈可挺. 中国高耗能产业及其环境污染的区域分布——基于省际动态面板数据的分析 [J]. 数量经济技术经济研究, 2011 (2): 20 – 36.

[26] 郭红燕, 韩立岩. 贸易自由化对中国环境的影响——基于中国工业行业数据的分析 [J]. 国际商务 (对外经济贸易大学学报), 2008 (3): 5 – 11.

[27] 郭将. 从环境管制看中国贸易模式的转变 [J]. 云南社会科学, 2011 (4): 110 – 112.

[28] 国务院发展研究中心课题组, 刘世锦, 张永生. 全球温室气体减排: 理论框架和解决方案 [J]. 经济研究, 2009 (3): 4 – 13.

[29] 韩军伟. 环境法规对国际贸易的影响: 国外研究综述 [J]. 国际经贸探索, 2009 (3): 71 – 75.

[30] 韩玉军, 陆旸. 经济增长与环境的关系 [J]. 经济理论与经济管理, 2009 (3): 5 – 12.

[31] 韩元军, 林坦, 殷书炉. 中国的环境规制强度与区域工业效率研究: 1999 – 2008 [J]. 上海经济研究, 2011 (10): 102 – 113.

[32] 何洁. 国际贸易对环境的影响：中国各省的二氧化硫（SO_2）工业排放 [J]. 经济学（季刊），2010（2）：415 - 445.

[33] 洪丽明，吕小锋. 贸易自由化、南北异质性与战略性环境政策 [J]. 世界经济，2017（7）：78 - 101.

[34] 黄玖立，李坤望. 出口开放、地区市场规模和经济增长 [J]. 经济研究，2006（6）：27 - 38.

[35] 江炎骏，杨青龙. 地方政府干预、环境规制与技术创新——基于中国省际面板数据的研究 [J]. 安徽行政学院学报，2015（3）：35 - 39.

[36] 蒋伏心，王竹君，白俊红. 环境规制对技术创新影响的双重效应——基于江苏制造业动态面板数据的实证研究 [J]. 中国工业经济，2013（7）：44 - 55.

[37] 解垩. 环境规制与中国工业生产率增长 [J]. 产业经济研究，2008（1）：19 - 25.

[38] 李钢，马岩，姚磊磊. 中国工业环境管制强度与提升路线——基于中国工业环境保护成本与效益的实证研究 [J]. 中国工业经济，2010（3）：31 - 41.

[39] 李怀政. 国际贸易与环境问题溯源及其研究进展 [J]. 国际贸易问题，2009（4）：68 - 73.

[40] 李强，聂锐. 环境规制与区域技术创新——基于中国省际面板数据的实证分析 [J]. 中南财经政法大学学报，2009（4）：18 - 23.

[41] 李小平，卢现祥，朱钟棣. 国际贸易、技术进步和中国工业行业的生产率增长 [J]. 经济学（季刊），2008（2）：549 - 564.

[42] 李小平，卢现祥. 国际贸易、污染产业转移和中国工业 CO_2 排放 [J]. 经济研究 2010（1）：15 - 26.

[43] 李秀珍，唐海燕，郑国姣. 环境规制对污染密集型行业出口

竞争力影响——要素产出弹性系数影响分析 [J]. 国际贸易问题，2014 (7)：72 - 81.

[44] 李永友，沈坤荣. 中国污染控制政策的减排效果——基于省际工业污染数据的实证分析 [J]. 管理世界，2008 (7)：7 - 17.

[45] 梁琦，丁树，王如玉，陈强远. 环境管制下南北投资份额、消费份额与污染总量分析 [J]. 世界经济，2011 (8)：44 - 65.

[46] 林伯强，何晓萍. 中国油气资源耗减成本及政策选择的宏观经济影响 [J]. 经济研究，2008 (5)：94 - 104.

[47] 林伯强，蒋竺均. 中国二氧化碳的环境库兹涅茨曲线预测及影响因素分析 [J]. 管理世界，2009 (4)：27 - 36.

[48] 刘婧. 一般贸易与加工贸易对中国环境污染影响的比较分析 [J]. 世界经济研究，2009 (6)：44 - 48 + 88.

[49] 刘林奇. 中国对外贸易环境效应理论与实证分析 [J]. 国际贸易问题 2009 (3)：70 - 84.

[50] 刘强，庄幸，姜克隽，韩文科. 中国出口贸易中的载能量及碳排放量分析 [J]. 中国工业经济 2008 (8)：46 - 55.

[51] 刘钻石，张娟. 国际贸易对发展中国家环境污染影响的动态模型分析 [J]. 经济科学，2011 (3)：79 - 92.

[52] 陆旸，郭路. 环境库兹涅茨倒 U 型曲线和环境支出的 S 型曲线：一个新古典增长框架下的理论解释 [J]. 世界经济，2008 (12)：82 - 92.

[53] 陆旸，环境规制影响了污染密集型商品的贸易比较优势吗？ [J]. 经济研究，2009 (4)：28 - 40.

[54] 陆旸. 从开放宏观的视角看环境污染问题：一个综述 [J]. 经济研究，2012 (2)：146 - 158.

[55] 陆旸. 环境规制影响了污染密集型商品的贸易比较优势吗？[J]. 经济研究，2009（4）：28－40.

[56] 马淑琴，戴军，温怀德. 贸易开放、环境规制与绿色技术进步——基于中国省际数据的空间计量分析 [J]. 国际贸易问题，2019（10）：132－145.

[57] 倪晓觎，俞顺洪. 产品内贸易与一般贸易对中国环境污染影响的差异性研究——基于中国省际面板数据的实证分析 [J]. 浙江教育学院学报，2010（4）：14－19＋25.

[58] 彭可茂，席利卿，彭开丽. 中国环境规制与污染避难所区域效应——以大宗农产品为例 [J]. 南开经济研究，2012（4）：68－96.

[59] 彭水军，刘安平. 中国对外贸易的环境影响效应——基于环境投入－产出模型的经验研究 [J]. 世界经济，2010（5）：140－160.

[60] 钱慕梅，李怀政. 中国东中西部出口贸易环境效应比较分析——基于低碳发展的视角 [J]. 国际贸易问题，2011（6）：111－120.

[61] 强永昌. 环境规制与中国对外贸易发展 [J]. 上海金融学院学报，2010（6）：13－20.

[62] 曲如晓，马建平. 中国工业制成品出口贸易与环境目标的相容性评估 [J]. 经济理论与经济管理，2009（4）：5－10.

[63] 沈利生，唐志. 对外贸易对中国污染排放的影响 [J]. 管理世界，2008（6）：21－29.

[64] 苏桔芳，廖迎，李颖. 是什么导致了"污染天堂"：贸易还是FDI——来自中国省级面板数据的证据 [J]. 经济评论，2011（5）：97－104.

[65] 孙成浩，耿强. 要素投入变化与经济增长的环境效应——基于中国省级面板数据的动态效应分析 [J]. 南开经济研究，2009（2）：

22 – 34.

[66] 唐剑，周雪莲. 中国对外贸易的环境影响综合效应分析 [J]. 中国人口·资源与环境，2017，27（4）：87 – 94.

[67] 陶长琪，琚泽霞. 金融发展、环境规制与技术创新关系的实证分析——基于面板门槛回归模型 [J]. 江西师范大学学报（自然版），2015（1）：27 – 33.

[68] 田素妍，周力，苗玲. 国际贸易模式的环境效应研究——基于联立方程模型的情景模拟 [J]. 世界经济与政治论坛，2011（6）：81 – 93.

[69] 涂正革. 工业二氧化硫排放的影子价格：一个新的分析框架 [J]. 经济学（季刊），2009（10）：41 – 54.

[70] 涂正革. 环境、资源与工业增长的协调性 [J]. 经济研究，2008（2）：93 – 105.

[71] 王柏杰，周斌. 货物出口贸易、对外直接投资加剧了母国的环境污染吗？——基于"污染天堂假说"的逆向考察 [J]. 产业经济研究，2018（3）：77 – 89.

[72] 王兵，吴延瑞，颜鹏飞. 中国区域环境效率与环境全要素生产率增长 [J]. 经济研究，2010（5）：95 – 109.

[73] 王芳，曹一鸣，陈硕. 反思环境库兹涅茨曲线假说 [J]. 经济学（季刊），2020（1）：81 – 100.

[74] 王林辉，杨博. 环境规制、贸易品能耗强度与中国区域能源偏向型技术进步 [J]. 经济问题探索，2020（2）：144 – 157.

[75] 魏守道，汪前元. 南北国家环境规制政策选择的效应研究——基于碳税和碳关税的博弈分析 [J]. 财贸经济，2015（11）：148 – 159.

[76] 徐敏燕，左和平. 集聚效应下环境规制与产业竞争力关系研

究——基于"波特假说"的再检验 [J]. 中国工业经济, 2013 (3): 72 - 84.

[77] 许广月, 宋德勇. 中国碳排放环境库兹涅茨曲线的实证研究——基于省域面板数据 [J]. 中国工业经济, 2010 (5): 37 - 47.

[78] 杨善奇. 环境规制对出口技术复杂度区域异质性影响研究 [J]. 大连理工大学学报 (社会科学版), 2016, 37 (4): 45 - 51.

[79] 杨万平, 袁晓玲. 对外贸易、FDI 对环境污染的影响分析 [J]. 世界经济研究, 2008 (12): 62 - 68.

[80] 杨振兵, 马霞, 蒲红霞. 环境规制、市场竞争与贸易比较优势——基于中国工业行业面板数据的经验研究 [J]. 国际贸易问题, 2015 (3): 65 - 75.

[81] 于金, 李楠. 高管激励、环境规制与技术创新 [J]. 财经论丛 (浙江财经大学学报), 2016 (8): 105 - 113.

[82] 余燕春, 韩晓丹. 中国对外贸易与生态环境协调度研究 [J]. 财贸经济, 2010 (11): 102 - 107.

[83] 俞海山. 环境成本内在化的贸易效应分析 [J]. 财贸经济, 2009 (1): 89 - 93.

[84] 张成, 于同申, 郭路. 环境规制影响了中国工业的生产率吗——基于 DEA 与协整分析的实证检验 [J]. 经济理论与经济管理, 2010 (3): 11 - 17.

[85] 张各兴, 夏大慰. 所有权结构、环境规制与中国发电行业的效率——基于 2003—2009 年 30 个省级面板数据的分析 [J]. 中国工业经济, 2011 (6): 130 - 140.

[86] 张红凤, 周峰, 杨慧等. 环境保护与经济发展双赢的规制绩效实证分析 [J]. 经济研究, 2009 (3): 14 - 26.

[87] 张军，施少华，陈诗一. 中国的工业改革与效率变化——方法、数据、文献和现有的结果 [J]. 经济学（季刊），2003（4）：1-38.

[88] 张倩. 市场激励型环境规制对不同类型技术创新的影响及区域异质性 [J]. 产经评论，2015（2）：36-48.

[89] 张三峰，卜茂亮. 环境规制、环保投入与中国企业生产率——来自中国企业问卷数据的实证研究 [J]. 南开经济研究，2011（2）：129-146.

[90] 张三峰，曹杰，杨德才. 环境规制对企业生产率有好处吗？——来自企业层面数据的证据 [J]. 产业经济研究，2011（5）：18-25.

[91] 张为付，周长富，马野青. 资本积累和劳动力转移驱动下开放型经济发展的环境效应 [J]. 南开经济研究，2011（8）：108-122。

[92] 张为付，周长富. 中国碳排放轨迹呈现库兹涅茨倒 U 型吗？——基于不同区域经济发展与碳排放关系分析 [J]. 经济管理，2011（6）：14-23.

[93] 张晓莹. 国际生产分割视角下中国对外贸易环境效应研究 [J]. 经济与管理评论，2017（2）：154-160.

[94] 张友国. 中国贸易增长的能源环境代价 [J]. 数量经济技术经济研究，2009（1）：16-30.

[95] 张征宇，朱平芳. 地方环境支出的实证研究 [J]. 经济研究，2010（5）：82-94.

[96] 章秀琴，张敏新. 环境规制对中国环境敏感性产业出口竞争力影响的实证分析 [J]. 国际贸易问题，2012（5）：128-135.

[97] 赵红. 环境规制对产业技术创新的影响——基于中国面板数

据的实证分析 [J]. 产业经济研究, 2008 (3): 35 - 40.

[98] 赵文丁. 新型国际分工格局下中国制造业的比较优势 [J]. 中国工业经济, 2003 (4): 32 - 37.

[99] 赵细康, 李建民. 中国环境保护与产业国际竞争力关系的展望 [J]. 广东社会科学, 2004 (1): 57 - 62.

[100] 赵细康, 李建民, 王金营等. 环境库兹涅茨曲线及在中国的检验 [J]. 南开经济研究, 2005 (3): 48 - 54.

[101] 赵细康. 环境保护与产业竞争力 [M]. 北京: 中国社会科学出版社, 2003.

[102] 周茂荣, 祝佳. 贸易自由化对中国环境的影响——基于 ACT 模型的实证研究 [J]. 中国人口·资源与环境, 2008 (4): 211 - 215.

[103] 朱平芳, 张征宇, 姜国麟. FDI 与环境规制: 基于地方分权视角的实证研究 [J]. 经济研究, 2011 (6): 133 - 145.

[104] Agras J. , Chapman D. A Dynamic Approach to the Environmental Kuznets Curve Hypothesis [J]. Ecological Economics, 1999, 28 (2): 267 - 277.

[105] Akbostanci E. , Tun G. I. and Türüt-Asik S. Pollution Haven Hypothesis and the Role of Dirty Industries in Turkey's Exports [J]. Environment and Development Economics, 2007 (12): 297 - 322.

[106] Alpay E. , Buccola S. , Kerkvliet J. Productivity Growth and Environmental Regulation in Mexican and U. S. Food Manufacturing [J]. American Journal of Agricultural Economics, 2002, 84 (4): 887 - 901.

[107] Ambec S. , Barla P. A Theoretical Foundation of the Porter Hypothesis [J]. Economics Letters, 2002, 75 (3): 355 - 360

[108] Ambec S. The Porter Hypothesis at 20: Can Environmental Regu-

lation Enhance Innovation and Competitiveness? [J]. Ssrn Electronic Journal, 2010 (7): 2 – 22.

[109] Antweiler W. , Copeland B. T. , Taylor M. S. Is Free Trade Good for the Environment? [J]. American Economic Review, 2001, 91 (4): 877 – 908.

[110] Arimura T. H. , Sugino M. Does Stringent Environmental Regulation Stimulate Environment Related Technological Innovation? [J]. Sophia Economic Review, 2007 (52): 1 – 14.

[111] Azonmahou, Laisney and Van. Economic Development and CO_2 Emissions: A Nonparametric Panel Approach [J]. Journal of Public Economics, 2006, 90 (6): 1347 – 1363.

[112] Barbera A. J. , McConnell V. D. The Impact of Environmental Regulations on Industry Productivity: Direct and Indirect Effects [J]. Journal of Environmental Economics and Management, 1990 (18): 50 – 65.

[113] Baumol W. J. , Oates W. E. The Theory of Environmental Policy [M]. Cambridge: Cambridge University Press, 1988.

[114] Beers C. V. , Vandenbergh J. C. J. M. An Overview of Methodological Approaches in the Analysis of Trade and Environment [J]. Journal of World Trade, 1996, 30 (1): 143 – 167.

[115] Berman E. , Bui L. T. Environmental Regulation and Labor demand: Evidence from the South Coast Air Basin [J]. Journal of Public Economics, 2001, 79 (2): 265 – 295.

[116] Brander J. A. , Taylor S. M. International Trade between Consumer and Conservationist Countries [J]. Resource and Energy Economics, 1997, 19 (4): 267 – 297.

［117］Brännlund R. , Färe R. , Grosskopf S. Environmental Regulation and Profitability: An Application to Swedish Pulp And Paper Mills ［J］. Environmental and Resource Economics, 1995, 6（1）: 23 – 36.

［118］Brock W. , Taylor M. The Green Solow Model ［R］. NBER Working Paper, No. 10557, 2004.

［119］Brunnermeier S. B. , Cohen M. A. Determinants of Environmental Innovation in US Manufacturing Industries ［J］. Journal of Environmental Economics and Management, 2003, 45（2）: 278 – 293.

［120］Busse M. Trade, Environmental Regulations and the World Trade Organization: New Empirical Evidence ［J］. Journal of World Trade, 2004 （38）: 285 – 306.

［121］Caselli F. , Esquivel G. , Lefort F. Reopening the Convergence Debate: A New Look at Cross-country Growth Empirics ［J］. Journal of Economic Growth, 1996, 1（3）: 363 – 389.

［122］Cave L. A. , Blomquist G. C. Environmental Policy in the European Union: Fostering the Development of Pollution Havens ［J］. Ecological Economics, 2008（65）: 253 – 261.

［123］Chai J. C. H. Trade and Environment: Evidence from China's Manufacturing Sector ［J］. Sustainable Development, 2002, 10（1）: 25 – 35.

［124］Chichilnisky G. Norht-South Trade and the Global Environment ［J］. The American Economic Review, 1997, 84（4）: 851 – 874.

［125］Cole M. A. , Elliott R. J. R. Do Environmental Regulations Influence Trade Patterns? Testing Old and New Trade Theories ［J］. World Economy, 2003, 26（8）: 1163 ~ 1186.

[126] Cole M. A. , Elliot R. J. R. Determining the Trade-composition Effect: the Role of Capital, Labor, and Environmental Regulations [J]. Journal of Environmental Economics and Management, 2003a, 46 (3): 363 – 383.

[127] Cole M. A. Trade, the Pollution Haven Hypothesis and the Environmental Kuznets Curve: Examining the Linkages [J]. Ecological Economics, 2004, 48 (1): 71 – 81.

[128] Cole M. , Elliott R. , Wu S. Industrial Activity and the Environment in China: An Industry-level Analysis [J]. China EconomicReview, 2008, 19: 393 – 408.

[129] Copeland B. R. , Taylor M. S. Trade, Growth, and the Environment [J]. Journal of Economic Literature, 2004 (42): 7 – 71.

[130] Copeland B. , Taylor M. S. North-South Trade and the Environment [J]. The Quarterly Journal of Economics, 1994, 109 (3): 755 – 787.

[131] Costantini V. , Crespi F. Environmental Regulation and the Export Dynamics of Energy Technologies [J]. Ecological Economics, 2008 (66): 447 – 460.

[132] Dasgupta S. , Mody A. , Roy S. , Wheeler D. Environmental Regulation and Development: A Cross-country Empirical Analysis [J]. Oxford Development Studies, 2001, 29 (2): 173 – 187.

[133] Dean J. M. , Fung K. C. , Zhi W. Measuring the Vertical Specialization in Chinese Trade [R]. U. S. international Trade Commission Office of Economics Working Paper A, 2008.

[134] Dean J. , Mary E. , Hua Wang. Are Foreign Investors Attracted

to Weak Environmental Regulations? Evaluating the Evidence from China? [J]. Journal of Development Economics, 2009 (90): 1 –13.

[135] Dean T. J. , Brown R. L. , Stango V. Environmental Regulation as a Barrier to the Formation of Small Manufacturing Establishments: A Longitudinal Examination [J]. Journal of Environmental Economics & Management, 2000, 40 (1): 56 –75.

[136] Dinda S. A Theoretical Basis for the Environmental Kuznets Curve [J]. Ecological Economics, 2005, 53 (3): 403 –413.

[137] Dua A. , Esty D. C. Sustaining the Asia Pacific Miracle: Environmental pro-tection and Economic Integration [M]. Washington DC: Institute for Interna-tional Economics. 1997.

[138] Ederington J. , Minier J. Is Environmental Policy a Secondary Trade Barrier? An Empirical Analysis [J]. Canadian Journal of Economics, 2003 (36): 137 –154.

[139] Eliste P. and Fredriksson P. G. The Political Economy of Environmental Regulations, Government Assistance, and Foreign Trade: Theory and Evidence [M]. World Bank, Washington D. C. 1998.

[140] Fleishman R. , Alexander R. , Bretschneider S. , et al. Does Regulation Stimulate Productivity? The Effect of Air Quality Policies on the Efficiency of US Power Plants [J]. Energy Policy, 2009, 37 (11): 4574 –4582.

[141] Forster B. A. Optimal Energy Use in a Polluted Environment [J]. Journal of Environmental Economics and Management, 1980, 7 (4): 321 –333.

[142] Frankel J. A. , Rose A. K. Is Trade Good or Bad for the Environ-

ment? Sorting out the Causality [J]. Review of Economics & Statistics, 2005, 87 (1): 85 –91.

[143] Gale L. R. , Mendez J. A. The Empirical Relationship between Trade, Growth and the Environment [J]. International Review of Economics and Finance, 1998, 7 (1): 53 –61.

[144] Galeotti M. , Lanza A. Desperately Seeking Environmental Kuznets [J]. Environmental Modelling and Software, 2005 (20): 1379 –1388.

[145] Gollop F. M. , Roberts M. J. Environmental Regulations and Productivity Growth: The Case of Fossil-Fueled Electric Power Generation [J]. Journal of Political Economy, 1983, 91 (4): 654 –674.

[146] Gray W. , Shadbegian R. Pollution Abatement Expenditure and Plant-level Productivity: Production Function Approach [J]. Ecological Economics, 2005, 54 (2): 196 –208.

[147] Grether J. M. , De Melo J. Globalization and Dirty Industries: Do Pollution Havens Matter? [R]. NBER Working Paper, 2003, No. 9776.

[148] Grossman G. M. , Krueger A. B. Economic Growth and the Environment [R]. NBER Working Papers, 1995, 110 (2): 353 –377.

[149] Grossman G. M. , Krueger A. B. Environmental Impacts of a North American Free Trade Agreement [R]. National Bureau of Economic Research Working Paper, 1991, No. 3914.

[150] Grossman G. M. , Krueger A. Environmental Impacts of a North American Free Trade Agreement. The U. S. – Mexico Free Trade Agreement [M]. Cambridge, MA: MIT Press, 1993.

[151] Guan D. , Hubacek K. , Weber C. L. , Peters G. P. and Reiner D. M. The Drivers of Chinese CO_2 Emissions from 1980 ~ 2030 [J]. Global

Environmental Change, 2008, 18 (4): 626 – 634.

[152] Hamamoto M. Environmental Regulation and the Productivity of Japanese Manufacturing Industries [J]. Resource and Energy Economics, 2006 (28): 299 – 312.

[153] Hausmann R. , Hwang J. , Rodrik D. What You Export Matters [J]. Journal of Economic Growth, 2007 (12).

[154] Heil M. T. , Selden T. M. International Trade Intensity and Carbon Emissions: A Cross-Country Econometric Analysis [J]. Journal of Environment & Development, 2001, 10 (1): 35 – 49.

[155] Heranandez-Sancho F. , Picazo-Tadeo A. , Reig-Martinez E. Efficiency and Environmental Regulation [J]. Environmental & Resource Economics, 2000, 15 (4): 365 – 378.

[156] Hettige H. , Lucas R. E. B. , Wheeler D. The Toxic Intensity of Industrial Production: Global Patterns, Trends and Trade Policy [J]. The American Economic Review, 1992, 82 (2), 478 – 491.

[157] Jaffe A. B. , Palmer K. L. Environmental Regulation and Innovation: A Panel Data Study [J]. Review of Economics and Statistics, 1997, 79 (4): 610 – 619.

[158] Jaffe A. B. , Peterson S. R. , Portney P. R. Environmental Regulation and the Competitiveness of US Manufacturing: What Does the Evidence Tell Us? [J]. Journal of Economic Literature, 1995, 33 (1): 132 – 163.

[159] Jalil A. , Mahmud S. F. Environment Kuznets Curve for CO_2 Emissions: A Cointegration Analysis for China [J]. Energy Policy, 2009, 37 (12): 5167 – 5172.

[160] Jalil A. , Mahamud S. F. Environment Kuznets Curve for CO_2

Emissions: A Cointe-gration Analysis for China [J]. Energy Policy, 2009, 37 (12): 5167 –5172.

[161] Jayadevappa R. , Chhatre S. International Trade and Environmental Quality: A Survey [J]. Ecological Economics, 2000, 32 (2): 175 – 194.

[162] Jones L. , Manuelli R. A positive Model of Growth and Pollution Control [R]. NBER Working Paper, No. 5205, 1995.

[163] Jorgenson Dale W. and Kevin J. Stiroh. U. S. Economic Growth at the Industry Level [J]. American Economic Review (Papers and Proceedings), 2000, 90 (2): 161 –167.

[164] Kalirajan K. P. , Shand R. T. Trade Flows between Australia, India and South Africa: A Growth Triangle? [J]. Economic Papers A Journal of Applied Economics & Policy, 2010, 17 (3): 89 –96.

[165] Kalt J. The Impact of Domestic Environmental Regulatory Policies on US International Competitiveness Competitiveness [M]. Cambridge, MA: Haper and Row, Ballinger, 1985.

[166] Kander A. , Lindmark M. Foreign Trade and Declining Pollution in Sweden: A Decomposition Analysis of Long-term Structural and Technological Effects [J]. Energy Policy, 2006, 34: 1590 –1599.

[167] Lall S. , Weiss J. A. , Zhang J. The Sophistication of Exports: A New Trade Measure [J]. World Development, 2006, 34 (2): 222 –237.

[168] Lanoie P. , Jérémy Laurent-Lucchetti, Johnstone N. , et al. Environmental Policy, Innovation and Performance: New Insights on the Porter Hypothesis [J]. Journal of Economics & Management Strategy, 2007, 20 (3): 803 –842.

[169] Lanoie P. , Patry M. , Lajeunesse R. Environmental Regulation and Productivity: Testing the Porter Hypothesis [J]. Journal of Productivity Analysis, 2008 (30): 121 – 28.

[170] Lantz V. , Feng Q. Assessing Income, Pollution, and Technology Impacts on CO_2 Emissions in Canada: Where's the EKC? [J]. Ecological Economics, 2006 (57): 229 – 238.

[171] Leamer E. E. Paths of Development in the 3 × n General Equilibrium Model [R]. UCLA Working Paper, No. 351, 1984.

[172] Levinson A. , Taylor M. S. Unmasking the Pollution Haven Effect [J]. International Economic Review, 2008, 49 (1): 223 – 254.

[173] Li S. , Samsell D. P. Why some Countries Trade more than Others: The Effects of the Governance Environment on Trade Flows [J]. Corporate Governance: An International Review, 2009, 17 (1): 47 – 61.

[174] Lucas R. E. B. , Wheeler D. , Hettige H. Economic Development, Environmental Regulation, and the International Migration of Toxic Industrial Pollution: 1960 – 1988 [J]. Policy Research Working Paper Series, 1992 (4): 13 – 18.

[175] Mani M. , Wheeler D. In Search of Pollution Havens? Dirty Industry in the World Economy: 1960 – 1995 [J]. Journal of Environment and Development, 1998, 7 (3): 215 – 247.

[176] McGuire M. C. Regulation, Factor Rewards, and International Trade [J]. Journal of Public Economics, 1982, 17 (3): 335 – 354.

[177] Mongelli I. , Tassielli G. , Notarnicola B. Global Warning Agreement, International Trade and Energy/Carbon Embodiments: An Input-output Approach to the Italian Case [J]. Energy Policy, 2006, (34): 88 –

100.

[178] Panayotou, Theodore. Demystifying the Environmental Kuznets Curve: Turning a Black Box into a Policy Tool [J]. Environment & Development Economics, 1997, 2 (4): 465 – 484.

[179] Pecchenino R. A. An Overlapping Generations Model of Growth and the Enviroment [J]. Economic Journal, 1994, 104 (427): 1393 – 1410.

[180] Popp D. International Innovation and Diffusion of Air Pollution Control Technologies: The Effects of NO_X, and SO_2, Regulation in the US, Japan, and Germany [J]. Journal of Environmental Economics & Management, 2004, 51 (51): 46 – 71.

[181] Porter M. E. , Linde C. V. D. Toward a New Conception of the Environment Competitiveness Relationship [J]. Journal of Economic Perspectives, 1995, 9 (4): 97 – 118.

[182] Ramon L. The Environment as a Factor of Production: The Effects of Economic Growth and Trade Liberalization [J]. Journal of Environmental Economics & Management, 2004, 27 (2): 163 – 184.

[183] Rauscher M. International Trade, Foreign Investment, and the Environment [M]. Handbook of Environmental Economics. Elsevier B. V. 2005.

[184] Ray S C. , Desli E. Productivity Growth, Technical Progress, and Efficiency Change in Industrialized Countries: Comment [J]. American Economic Review, 1997, 87 (5): 1033 – 1039.

[185] Richmond A. K. , Kaufmann R. K. Is There a Turning Point in the Relationship between Income and Energy Use and/or Carbon Emissions?

[J]. Ecological Economics, 2006 (56): 176 – 189.

[186] Rodrik D. What's So Special about China's Exports? [J]. China & World Economy, 2006, 14 (5).

[187] Schott P. K. The Relative Sophistication of Chinese Exports [J]. Economic Policy, 2008 (53): 5 – 49.

[188] Schumpeter, Joseph A. Theoretical Problems of Economic Growth [J]. Journal of Economic History, 1947, 7 (S1): 1 – 9.

[189] Selden T. M. , Daqing S. Environmental Quality and Development: Is There a Kuznets Curve for Air Pollution Emissions? [J]. Journal of Environmental Economics and Management, 1994, 27 (2): 147 – 162.

[190] Sen S. Corporate Governance, Environmental Regulations, and Technological Change [J]. European Economic Review, 2015, 80 (12): 36 – 61.

[191] Shafik N. , Bandyopadhyay S. Economic Growth and Environmental Quality: Time Series and Cross-country Evidence [R]. Policy Research Working Paper Series, 1992.

[192] Shunsuke M. , Akira H. , Tetsuya T. Does Trade Liberalization Reduce Pollution Emissions? [R]. Discussion Papers, 2008.

[193] Siebert H. Environmental Quality and the Gains from Trade [J]. Kyklos, 1977, 30 (4): 657 – 673.

[194] Sorsa P. Competitiveness and Environmental Standards: Some Exploratory Results [R]. Policy Research Working Paper, 1994: 1249.

[195] Stephens J. K. , Denison E. F. Accounting for Slower Economic Growth: The United States in the 1970's [J]. Southern Economic Journal, 1981, 47 (4): 1191.

[196] Stern D. I. , Common M. S. , Barbier E. B. Economic Growth and Environmental Degradation: The Environmental Kuznets Curve and Sustainable Development [J]. World Development, 1996 (24).

[197] Stokey N. L. Are There Limits to Growth? [J]. International Economic Review, 1998, 39 (1): 1 – 31.

[198] Tamirisa N. T. Exchange and Capital Controls as Barriers to Trade [R]. IMF Working Papers, 1998.

[199] Tinbergen J. Shaping the World Economy [J]. The International Executive, 1963, 5 (1): 27 – 30.

[200] Tobey J. A. The Effects of Domestic Environmental Policies on Patterns of World Trade: An Empirical Test [J]. Kyklos, 1990 (43): 191 ~ 209.

[201] Vogel D. Trading Up: Consumer and Environmental Regulation in the Global Economy [M]. Cambridge, MA: Harvard University Press, 1995.

[202] Walley N. It's Not Easy Being Green [J]. Harvard Business Review, 1994, 72 (3): 46 – 51.

[203] Winters L. A. Trade Liberalisation and Economic Performance: An Overview [J]. Economic Journal, 2004 (114).

[204] Xu B. , Lu J. Foreign Direct Investment, Processing Trade, and the Sophistication of China's Exports [J]. China Economic Review, 2009, 20 (3): 425 – 439.

[205] Xu X. International Trade and Environmental Policy: How Effective is 'Eco-dumping'? [J]. Economic Modelling, 2000, 17 (1): 71 – 90.